BEI GRIN MACHT SICH IHR WISSEN BEZAHLT

- Wir veröffentlichen Ihre Hausarbeit,
  Bachelor- und Masterarbeit

- Ihr eigenes eBook und Buch -
  weltweit in allen wichtigen Shops

- Verdienen Sie an jedem Verkauf

Jetzt bei www.GRIN.com hochladen und kostenlos publizieren

Hartmut Nowacki

Faszination und Langeweile.

Ein Notizbuch über rhetorische Wirkung

GRIN Verlag

Bibliografische Information der Deutschen Nationalbibliothek:

Die Deutsche Bibliothek verzeichnet diese Publikation in der Deutschen National-bibliografie; detaillierte bibliografische Daten sind im Internet über http://dnb.d-nb.de/ abrufbar.

Dieses Werk sowie alle darin enthaltenen einzelnen Beiträge und Abbildungen sind urheberrechtlich geschützt. Jede Verwertung, die nicht ausdrücklich vom Urheberrechtsschutz zugelassen ist, bedarf der vorherigen Zustimmung des Verlages. Das gilt insbesondere für Vervielfältigungen, Bearbeitungen, Übersetzungen, Mikroverfilmungen, Auswertungen durch Datenbanken und für die Einspeicherung und Verarbeitung in elektronische Systeme. Alle Rechte, auch die des auszugsweisen Nachdrucks, der fotomechanischen Wiedergabe (einschließlich Mikrokopie) sowie der Auswertung durch Datenbanken oder ähnliche Einrichtungen, vorbehalten.

Impressum:

Copyright © 2012 GRIN Verlag GmbH
Druck und Bindung: Books on Demand GmbH, Norderstedt Germany
ISBN: 978-3-656-30461-6

Dieses Buch bei GRIN:

http://www.grin.com/de/e-book/203910/faszination-und-langeweile

GRIN - Your knowledge has value

Der GRIN Verlag publiziert seit 1998 wissenschaftliche Arbeiten von Studenten, Hochschullehrern und anderen Akademikern als eBook und gedrucktes Buch. Die Verlagswebsite www.grin.com ist die ideale Plattform zur Veröffentlichung von Hausarbeiten, Abschlussarbeiten, wissenschaftlichen Aufsätzen, Dissertationen und Fachbüchern.

Besuchen Sie uns im Internet:

http://www.grin.com/

http://www.facebook.com/grincom

http://www.twitter.com/grin_com

Hartmut Nowacki

Faszination und Langeweile.
Ein Notizbuch über rhetorische Wirkung

Für Johannes Gross

Vor-Wort

Dies ist kein Lehrbuch der Rhetorik, nicht einmal ein Buch. Es ist ein
Notizbuch, eine Materialsammlung aus Aphorismen, Anekdoten und
Lesefunden. Keine glattgefügte Mauer, sondern eine Sammlung von
unbehauenen Natursteinen. Der Leser möge selbst entscheiden, was ihn
interessiert und anregt – und was nicht.

Der Stoff wird in kleiner Form dargeboten, der Text so weit gestrafft wie eben
möglich. Meine Vorbilder waren die Sudelbücher Lichtenbergs, die Aphorismen
des Novalis und die Notizbücher von Johannes Gross.

5. Januar 2012

Aus der guten alten Zeit. Der Unionspolitiker Rainer Barzel hatte für seine Wahlkampfreden auf öffentlichen Plätzen einen abwaschbaren Gummimantel.

*

„Ich freue mich, dass Sie so zahlreich erschienen sind."
Niemand kann „zahlreich" erscheinen. Allerdings kommen manchmal viele.

*

Warum hat Jesus nur gesprochen und nichts geschrieben?

*

Im WDR berichtet man über Leserzuschriften. Die Musik ist in manchen Kriminalfilmen zu laut. Außerdem sollten die Schauspieler deutlicher sprechen.

*

Eine brillante Rede. Alle waren geblendet und sahen nichts mehr.

*

Rhetorische Ermattungsstrategie. Man spricht so lange, bis aller Widerspruch erlahmt. Die mehrstündigen Reden Hitlers. Auch an manche Verkäufer wird man sich erinnern.

*

Herrenabend. Hier darf auch der reden, der nicht reden kann.

*

Ohne Ghostwriter. Konrad Adenauer hat einmal so begonnen: „Meine Herren haben mir da eine Rede aufgeschrieben, die will ich mal weglegen."

*

Dem Kommunistenführer Ernst Thälmann hat einmal ein Witzbold die Seiten seines Redemanuskripts vertauscht. Er hat es zu spät bemerkt.

4

6. Januar 2012

Ich fand einmal auf dem Grabstein eines Ehepaars den Spruch: „Niemand verstand uns." Die Tragödie von Menschen, die sich nicht auszudrücken wissen.

*

Eine regionale Tageszeitung berichtet über einen evangelischen Gottesdienst in der Hauptkirche des Ortes. Die Predigt mit viel Politik und schlechter Laune. Von froher Botschaft kein Wort.

*

Verschwindende Redewendungen. „Ich bin so frei", sagte man früher und nahm das angebotene Stück Torte. Der Mensch von heute greift einfach zu.

*

Betrug mit Worten. Angeblich „unterfinanziert" ist eine Institution (z. B. der Staat), wenn sie schlichtweg zu viel ausgibt. Es wird ganz dreist von „Sparen" gesprochen, wenn man etwas weniger neue Schulden macht als im letzten Jahr.

*

Als Rhetoriktrainer oder Bundesminister braucht man keine spezielle Vorbildung.

*

Adorno hatte die einzigartige Gabe, sexuelle Ausdrücke auch in unbekannten Sprachen zu verstehen. Ich verstehe oft nicht einmal, was er deutsch schreibt.

*

„Der Teufel als Fürsprecher", so berichten die Gebrüder Grimm in den „Deutschen Sagen", hält ein Plädoyer vor Gericht. Da ist er auch heute noch aktiv und verbiegt das Recht zum Gotterbarmen.

*

Der Schauspieler Siegfried Lowitz hat eine große Leistung in Falladas „Trinker" geboten, indem er die Trunkenheit gestisch und stimmlich nicht herauskehrte, sondern sie vielmehr verbarg. Nur in sparsamen Andeutungen zeigte er, dass da jemand seiner Sinne nicht mehr ganz mächtig war.

*

„Jeder Schuster, wenn er seinen Beruf ausüben will, muss zunächst einen Schuh machen können, und erst von dieser Voraussetzung aus gibt es gute und schlechte Schuster. Aber beim Schauspieler ist es möglich, körperliche Ungeschicklichkeit, sprachliches Unvermögen, schlechte Diktion als persönliche Note zu werten." (Gustaf Gründgens)

*

Aus Spinozas Ethik, aber auch ein wichtiger Lehrsatz für die Rhetorik: „Freude ist an und für sich nicht schlecht, sondern gut; Traurigkeit hingegen ist an und für sich schlecht."

*

Johannes Gross berichtet von einer Geburtstagsfeier, zu der mit dem Hinweis eingeladen wurde, es gäbe keine Reden. Die Stimmung soll hervorragend gewesen sein.

*

Ein Teil der Politikerreden ist überflüssig wie ein Kropf. Der Inhalt, natürlich nicht von eigener Hand verfasst, geht vorab der Presse zu. Der Vortrag selbst ist meistens so schwach, dass er keinen Hund hinter dem Ofen hervorlockt. Mein Vorschlag: Beim nächsten Staatsakt wird der Redetext des Bundespräsidenten zur Selbstbedienung ausgelegt, und er sagt nur: „Das Buffet ist eröffnet."

*

„Sehr geehrte …" – Wen ehrt man wirklich?

*

Als Deutschland noch ein christlich geprägtes Land war, hielt sogar Hitler es für angebracht, sich auf den „Allmächtigen" zu berufen. Das ist ganz aus der Mode gekommen.

*

Ein Klassiker im Wiener Dialekt ist „Der Herr Karl" von Helmut Qualtinger. Wenn er grantelt, seine Chefin sei vor vierzig Jahren keine Chefin gewesen, muss ich irgendwie an die Bundeskanzlerin denken.

*

Höflichkeit. Eine Anweisung, einen Befehl als Bitte formulieren.

*

Konditionswunder. Trotzki hat einmal eine längere Rede auf Russisch gehalten und sie dann französisch und deutsch wiederholt.

*

In einem Training für Doktoranden hatte ich einmal einen japanischen Germanisten, der den schwer verständlichen Jargon der deutschen Geisteswissenschaften so beherrschte, dass ich von seinem Vortrag über Kafka fast nichts verstand. Meine Vorschläge für einen einfacheren Stil und Satzbau erreichten ihn nicht.

*

Der verstorbene Nationalist Franz Schönhuber sprach fließend Englisch, Französisch und Russisch. Der große Europäer Helmut Kohl sprach Hochdeutsch, wenn auch mit etwas Mühe.

*

Bei manchen Menschen ist Reden nicht einmal Silber.

*

Eine bekannte amerikanische Firma nimmt Verbesserungsvorschläge von Mitarbeitern grundsätzlich nur auf einer DIN-A4-Seite entgegen. Eine gute Anregung für Tagungen aller Art: Redebeiträge nicht länger als eine Minute. Den Schwätzern wäre das Handwerk gelegt.

*

Wenn Politiker „scharf kritisieren", kommen sie mit unscharfen Formulierungen und Begründungen daher.

*

Die Langeweile der Predigten führt zum Kirchenschlaf. Der protestantische Theologe Helmut Thielicke hat eine sinnvolle Begründung dafür gefunden: „Wer schläft, sündigt nicht."

*

Erinnerungen an einen älteren Arzt. Er sprach stets ruhig und beruhigend, nie war eine Spur von Aufgeregtheit in seiner Stimme. Er sah in allen Menschen leidende Patienten, die der Schonung bedürfen.

*

Volkstümlich. Wenn das Publikum bei den verwirrenden Erklärungen der Bundeskanzlerin laut lacht, lacht sie schon mal kurz mit. Motto: Ich verstehe euch ja.

*

Sollte einmal die Folter wieder eingeführt werden, könnte man Inhaftierte mit Politikerreden beschallen („Wir müssen dem Bürger klar sagen …").

*

11. Gebot: Langweile deine Zuhörer nicht.

*

Bei den Ausreden steht die Redekunst in hoher Blüte.

*

Adorno grauste es vor Examenskandidaten, die den Namen von Thomas Hobbes aussprachen wie das hessische „ebbes".

*

Adenauer log hier und da, wenn es um die Durchsetzung der politischen Wahrheit ging.

*

Ein rednerisches Original war der Dortmunder Oberbürgermeister Samtlebe. Ein Weinfest eröffnete er mit der launigen Bemerkung, am schönsten sei das Pils hinterher.

*

Direkter Widerspruch ist fast immer falsch, im Umgang mit Frauen aber völlig unmöglich.

*

Französische Redner. Poincaré schrieb seine zwei- und dreistündigen Kammerreden eigenhändig auf und trug sie dann auswendig vor, ohne auf das Manuskript zu schauen. Briand sprach oft ohne alle Unterlagen. Mit seinen Friedensreden konnte er die Versammlung des Völkerbundes zu minutenlangen Beifallsstürmen hinreißen.

*

Unerhört. Ein früherer Bundesminister, einst „Vordenker" seiner Partei, wenngleich er über vieles nicht gründlich nachgedacht hatte, hat die Einladung zur Jubiläumsfeier eines Bundesministeriums, dem er einmal vorstand, abgelehnt, weil man ihm verweigert hat, ein Grußwort zu sprechen.

*

Staatspolitisch bedeutsame Versammlung in der Münchener Residenz. Als ein Redner von der „staatsmännischen Weitsicht" des Ministerpräsidenten sprach, schaute dieser überrascht hoch.

*

Honecker verstand es meisterhaft, das unwichtigste Wort des Satzes zu betonen.

*

Vor dem Public Viewing bei Fußballspielen hat es bereits Public Hearing bei Führerreden gegeben. Damals hieß es Gemeinschaftsempfang.

*

Der Kanzler der Hochschule begrüßte mich stets mit einem singend hohen Ton. Und ich fühlte mich willkommen.

*

Es wurde mir zu meinem Erstaunen berichtet, der bekannte Tennis-Altstar hätte während der gesamten Fernsehsendung nicht einmal „äh" gesagt.

*

Aus dem Beiheft einer CD des Jazzmusikers Duke Ellington: „During each concert he told his audience ‚I Love You Madly' with true warmth and enthusiasm."

*

Aus einem Sachverständigengutachten über den Frauenmörder Arwed Imiela: „Er ist ein Blender. Er ist ein geltungsbedürftiger Psychopath. … Sein Unwissen versteht er meisterhaft mit rhetorischer Gewandtheit zu überbrücken … Über allem steht aber die ungeheure Eitelkeit, das Bestreben, um jeden Preis aufzufallen."
Das scheint mir auch auf viele andere Menschen zuzutreffen …

*

In seiner Zeit als Bundeskanzler sprach Helmut Schmidt eine Gruppe von Wirtschaftsführern auch schon mal mit „Ihr" statt mit „Sie" an. Es waren wohl ganze Kerle.

*

Superlative: „Der Bundespräsident hat mein vollstes Vertrauen." – „Dass es die evangelische Kirche immer noch gibt und weiterhin geben wird, dass selbst Durststrecken totester Predigten (wenn dieser Superlativ erlaubt ist) sie nicht zur Strecke bringen durften, das ist der einzige Gottesbeweis, der mich überzeugen könnte." (Helmut Thielicke) – „Seine Leistungen waren zu unserer vollsten Zufriedenheit."

*

Der Bewerber für das Amt des Ministerpräsidenten sprang auf die Bühne wie ein junger Hund.

7. Januar 2012

Galgenpredigten. Über eine ungewöhnliche Art der öffentlichen Rede berichtet Arthur Schopenhauer. Es war in England Brauch, dass zum Tode Verurteilte zu

den Zuschauern ihrer Hinrichtung sprachen. Nach einem Bericht der „Times"
vom 18.4.1837 sagte ein gewisser Bartlett, der seine Schwiegermutter ermordet
hatte: „… macht euch los von der Liebe zu dieser sterbenden Welt und ihren
eitlen Freuden: Denkt weniger an sie und mehr an euren Gott. Das tut. Bekehret
euch, bekehret euch! Denn, seid versichert, dass ohne eine tiefe und wahre
Bekehrung, ohne ein Umkehren zu eurem himmlischen Vater ihr nicht die
geringste Hoffnung haben könnt, jemals jene Gefilde der Seligkeit und jenes
Landes des Friedens zu erreichen, welchem ich jetzt mit schnellen Schritten
entgegenzugehen die feste Zuversicht habe."

*

Lispeln ist die neueste Mode im Fernsehen.

*

Anmerkung zu Goebbels: Wer schreit, hat Unrecht.

*

Wenn Konrad Adenauer in einer Rede etwas zusätzliche Denkzeit gewinnen
wollte, schob er ein sehr gedehntes „Meine sehr verehrten Damen und Herren"
ein.

*

„Signal wird neuerdings mit ck geschrieben." (Johannes Gross)

*

Empfang beim Oberbürgermeister: Er spricht, als ob er eine heiße Kartoffel im
Munde hätte.

*

Auf die Gefahr hin, mich bei Feministinnen unbeliebt zu machen:
Männerstimmen sind markanter als Frauenstimmen. In vielen ausländischen
Filmen erkenne ich mehrere männliche Synchronsprecher, aber nur selten
weibliche.

*

„Der Prediger muss zuerst Enthusiasmus zu erregen suchen, denn dies ist das Element der Religion. Jedes Wort muss klar, heiß und herzlich sein." (Novalis)

*

„So steht es mit dem Christentum: Der Staat bestellt landesväterlich tausend examinierte Beamte ... und das Christentum kommt im Geschwätz um." (Kierkegaard)

*

Ganz veraltet: einen Vortrag mit einem Dichterwort zu eröffnen. Schon Goethe sagte ...

*

In einer Rede an sein Heer sprach Cäsar als Tenor. Im vertraulichen Gespräch als Bass.

*

Was sind Höhepunkte in einer Rede? Punkte, an denen die Stimme in die Höhe geht.

*

Auch der beste Redner muss einmal Sätze sprechen, in denen gar nichts ausgesagt wird.

*

Schau-spiel, nicht Schau-arbeit.

*

Der heute vergessene FDP-Politiker Thomas Dehler ließ sich von seinem rhetorischen Temperament zu sehr widersprüchlichen Aussagen hinreißen, so dass ein Witzbold eine Broschüre „Dehler gegen Dehler" herausgab.

*

Kant hat sich sehr abschätzig über die Beredsamkeit geäußert. Er war Professor im öffentlichen Dienst.

*

In vollem Ernst berichtete eine überregionale Zeitung über den Versuch, Lehrern das Sprechen mit einem sogenannten Headset zu erleichtern. Dieser Humbug wird auch noch „wissenschaftlich begleitet".

*

Moderne Erziehung scheitert oft an zu langen Sätzen und mangelhaftem Stimmeinsatz.

*

In der heutigen Zeit wird oft so schlecht gesprochen, dass alles „visualisiert" werden muss.

*

„Rhetorik für Frauen" ist schon im Angebot. Demnächst soll es auch „Bio-Rhetorik" geben.

*

Auf einem großen Kongress sprach Franz Josef Strauß. Der Redner benutzte in der mehr als einstündigen Rede weder ein Manuskript noch irgendwelche Unterlagen.
Im freien, improvisierenden, suchenden Sprechen zeigt sich der Meister der Redekunst. Die grundlegende Übung des Rhetoriktrainings.

*

Zeitungsbericht. In der Evangelischen Kirche Westfalens lehrt ein Komödiant die Pfarrer.

*

Marketing. Bei Hörbüchern werden ganz kleine Stimmen als „starke Stimmen" verkauft.

*

Katholischer Gottesdienst. Der Priester spricht die liturgischen Texte ganz beiläufig, ohne Betonung, ohne Gestaltung. Das Schlussgebet, wohl selbst verfasst, fällt schon herzlicher aus. Der Aufruf zur Mitarbeit am Gemeindefest gelingt großartig und hat viel Charme.

*

Kohl, der oft sehr undeutlich sprach, gebrauchte häufig die Redewendung: „Lassen Sie mich das ganz deutlich sagen."

8. Januar 2012

Stimme – Stimmung.

*

Der große Redner ist Bote einer höheren Macht. Ihm geht es nicht um ein persönliches Anliegen, sondern um Gott, Vaterland, Gemeinwohl. Zumindest muss er das behaupten.

*

„Man muss erst genau wissen: ‚so und so würde ich dies sprechen und vortragen', – bevor man schreiben darf. Schreiben muss eine Nachahmung sein." (Friedrich Nietzsche)

*

Es gibt Menschen, die rhetorisch sehr mangelhaft sind, mit ihrem ehrlichen Gesicht aber gut ankommen. Und es gibt andere, die über eine gewisse rhetorische Geschicklichkeit verfügen und damit Misstrauen auslösen.

*

Anfängerfehler: einer Schulklasse über längere Zeit den Rücken zukehren.

*

Ausverkaufter Saal in einem Münchener Hotel. Der Redner steht zwei Stunden auf der Bühne ohne Pult, ohne Manuskript, ohne „Visualisierung". Er imponiert mir.

*

„Lässt man den Teufel in die Kirche, so will er auf die Kanzel." Im Herder-Lexikon als Redensart angegeben.

*

Das Wort fasst nicht jeder. Ludwig Hohl hat eine schöne Variation zu Matthäus 19 gefunden: Das Wort fasst nicht jeden.

*

Rhetorik lernt man nicht aus Büchern.

*

Gutes Sprechen setzt gutes Hören voraus.

*

Gute Rede muss Antwort sein, Antwort auf die Fragen und Bedürfnisse der Zuhörer. Nicht was ich sagen will, ist wichtig, sondern was das Publikum hören will.

*

Ohne gute Atmung keine Inspiration.

*

Kohls Rede zum Jahreswechsel ist bei einer Fernsehanstalt mit der des Vorjahres vertauscht worden. Wie viele Zuschauer mögen es bemerkt haben?

*

Erinnerung an studentische Referate. Erst wurde eine möglichst gelehrte, mit Fußnoten befrachtete Seminararbeit verfasst. Dann wurde diese mit nicht zu unterbietender Ausdruckslosigkeit vorgelesen. Oft verstand ich nur Bahnhof.

*

In einer Arztpraxis. Die Dame am Empfang spricht ungewöhnlich gut artikuliert, mit ruhigem Rhythmus und freundlicher Stimme – deutlich besser als manche Fernsehschauspieler. Sie hat viel mit schwerhörigen, schwer verstehenden und nur bedingt der deutschen Sprache mächtigen Menschen zu tun.

*

Körpersprache. Eine Inszenierung eines „namhaften" Regisseurs am Münchener Residenztheater zeigt nach einem Zeitungsbericht „häufiges Urinieren auf verdreckten Toiletten".

9. Januar 2012

Wenn Strafverteidiger Verbrecher als prächtige Menschen schildern und Tränen des Mitgefühls in die Augen der Richter steigen, reibt sich der Teufel die Hände: Was man mit der Sprache alles anstellen kann!

*

Obwohl die Jagdgeschichten des Freiherrn von Münchhausen Lügengeschichten sind, lesen sie sich gut. Deshalb gilt für manche Presseorgane: Eine gute Story lässt man sich nicht von der Wahrheit kaputt machen.

*

Ein Arzt, der gute Geschichten erzählt, braucht weniger Spritzen und Tabletten, pflegte der Chirurg Sauerbruch zu sagen.

*

„Das Verständlichste an der Sprache ist nicht das Wort selber, sondern Ton, Stärke, Modulation, Tempo, mit denen eine Reihe von Worten gesprochen wird – kurz die Musik hinter den Worten, die Leidenschaft hinter dieser Musik, die Person hinter dieser Leidenschaft: Alles das also, was nicht geschrieben werden kann. Deshalb ist es nichts mit Schriftstellerei." (Friedrich Nietzsche)

*

Sprichwörtlich ist der, der viel redet, aber nichts sagt.
Ein langjähriger Bundesaußenminister erfreute sich zu seiner Zeit nahezu täglich der Aufmerksamkeit der Medien. In der historischen Rückschau wird klar: Er hat nie einen selbstständigen Gedanken geäußert.

*

Einem Wahlkampfredner der Grünen wurde Salbeitee für den rauen Hals gereicht. Es wäre besser gewesen, wenn er nicht so geschrien hätte.

*

Wenngleich wir werden sollen wie die Kinder, scheint es mir sehr fragwürdig zu sein, im Gottesdienst biblische Texte von Kindern vortragen zu lassen.

*

„Es war wichtig, sich in jeder einzelnen Rede vorher schon klarzuwerden über den vermutlichen Inhalt und die Form der in der Diskussion zu erwartenden Gegeneinwände und diese dann in der eigenen Rede bereits restlos zu zerpflücken. Es war dabei zweckmäßig, die möglichen Einwände selbst immer sofort anzuführen und ihre Haltlosigkeit zu beweisen; so wurde der Zuhörer, der, wenn auch vollgepfropft mit den ihm angelernten Einwänden, aber sonst ehrlichen Herzens gekommen war, durch die vorweggenommene Erledigung der in seinem Gedächtnis eingeprägten Bedenken leichter gewonnen. Das ihm eingelernte Zeug wurde von ihm selbst widerlegt und seine Aufmerksamkeit immer mehr vom Vortrag angezogen."

*

Zwischen der Sprache der Menschen und der Hunde liegt der oberpfälzische Dialekt.

*

Die verstorbene sozialdemokratische Landesministerin Regine Hildebrandt konnte sprechen, ohne Luft zu holen.

*

Hörgewohnheiten im Wandel. Parteitage wurden früher mit stundenlangen „Grundsatzreferaten" der Vorsitzenden eingeleitet. Volle zwei Verhandlungstage plädierte der Rechtsanwalt Max Alsberg in manchen Strafprozessen. Das will heute niemand mehr hören.

*

Veralten der Rhetorik. Ein paar läppische Sätze, über die die Medien berichten, haben mehr Wirkung als ein leibhaftiger Demosthenes oder Cicero im geschlossenen Saale.

*

„Ein Prediger soll Zähne im Maul haben, beißen und salzen und jedermann die Wahrheit sagen." (Martin Luther)

*

Der Schauspieler Günter Lüders konnte etwas sagen und dann so dreinschauen, als ob er selbst davon völlig überrascht wäre.

*

Die guten Redner sind immer Musikliebhaber.

*

Bei Vereinsversammlungen ist der Bericht des Kassenprüfers stets das rhetorische Glanzstück.

*

Wäre Hitler nur Verbrecher, Idiot und Teppichbeißer gewesen, wäre niemand auf ihn hereingefallen.

*

Hättest du geschwiegen, du wärest Philosoph geblieben. Manche Pfarrer predigen nicht nur schlecht, sondern lassen diese schlechten Predigten auch noch drucken.

*

Alain (d.i. Émile August Chartier) über Jean Jaurès: „... seine Stimme war durch ihre melodische Weichheit, in der das Ohr nicht die geringste Gewaltsamkeit entdeckte, die Höflichkeit selber: umso überraschender, als jeder die Löwenstimme und das dumpfe Grollen des Volksredners kannte. Kraft schließt Höflichkeit keineswegs aus ..."

11. Januar 2012

Im Anfang war das Wort, und das Wort war bei Gott. Aber auch der Teufel hat es bald ergriffen. Wie er Eva dazu bringt, die verbotene Frucht vom Baum der Erkenntnis Gut und Böse zu essen, das geht bereits auf das Konto der Rhetorik. Mit den Worten des englischen Dichters Milton:

„… und seine Worte schlichen,
Der Ränke voll, zu leicht ihr in das Herz.

Und seiner Worte Werbetöne klangen
Im Ohr ihr nach …"

(Das verlorene Paradies 9, 855 ff.)

Seitdem existiert neben dem Wort Gottes auch das Wort des Teufels, und alle Rhetorik steht in einem Zwiespalt.

*

Nach einem Zeitungsbericht hat ein Komponist die Zerstörung von zwei Hochhäusern in New York mit 3000 Toten als „größtes Kunstwerk aller Zeiten" gefeiert.

*

Emanzipation. Junge Mädchen von heute haben ein Vokabular, das man früher nur bei groben Kerlen vermutet hat.

*

„Allein der Vortrag macht des Redners Glück." Wagner, nicht Faust, hatte Recht.

*

Der große Star hatte eine Doppelbegabung: Sie konnte weder sprechen noch singen. Heute ist sie ein Mythos.

*

Fremdsprachenkenntnisse. Die internationale Reputation Helmut Schmidts beruhte auch auf seinem guten Englisch. Dagegen war es reine Eitelkeit, dass Barzel einmal eine Rede in dem ihm gar nicht geläufigen Italienisch vorgetragen hat.

*

In Deutschland wünscht man sich keinen „Guten Tag" mehr, sondern sagt „Hallo". Endlich haben wir den Anschluss an die westliche Zivilisation gefunden.

*

Dass sich die Sophisten, die großen Meister der Rhetorik, von Sokrates wie die Einfaltspinsel vorführen ließen, nehme ich dem Plato nicht ab.

*

Rhetorische Elementarregel: Nimm die Zähne auseinander.

*

Betrug mit Worten: „Bei gleicher Qualifikation werden Frauen bevorzugt eingestellt." Es hat noch nie zwei gleich qualifizierte Bewerber gegeben.

*

Ein stets passender Schluss für Tagungsleiter: „Ich glaube, heute sind wir wieder ein gutes Stück vorangekommen."

*

Im Fernsehen Wiederholung eines alten Krimis, der im Theatermilieu spielt. Der Altstar der DDR spielt den weiblichen Altstar: undeutliche Artikulation, unmodulierte Stimme. Man bekommt Atembeklemmung.
Dann der Schauspieler, der einen genialen Schauspieler spielt. Er rezitiert aus „Macbeth" – ausdrucksarm, spannungslos. „Das kannst nur du", murmelt der Altstar.
Der öffentlich-rechtliche Humor!

*

Tagungshotel. Die Führungskraft mit sehr wichtigem Gesicht: „The German market is a heavy market."

*

Ein Wort kann schon als solches ein Betrug sein. Ich habe Aufsichtsräte kennengelernt, die mit Sicherheit nicht in der Lage waren, eine Firma zu beaufsichtigen.

*

Untergang der Weimarer Republik. Der Reichskanzler Brüning soll so langweilig gesprochen haben, dass Reichspräsident Hindenburg bei dessen Vortrag schon einmal einschlief.

12. Januar 2012

„Unsere Sprache war zu Anfang viel musikalischer und hat sich nur nachgerade so prosaisiert, so enttönt. Es ist jetzt mehr Schallen geworden, Laut, wenn man dieses schöne Wort so erniedrigen will. Sie muss wieder Gesang werden." (Novalis)

*

„Wir sprachen sehr wenig zusammen. Man schämt sich seiner Sprache. Zum Tone möchte man werden und sich vereinen in Einen Himmelsgesang." „Wie Jupiters Adler dem Gesang der Musen lausch' ich dem wunderbaren unendlichen Wohllaut in mir." (Friedrich Hölderlin, Hyperion)

*

„Die Musik ist das Wahre überhaupt." (Pierre Bertaux)

*

Viele Gespräche sind keine. Man hört kaum zu, antwortet nicht auf das Gesagte, sondern will nur das Eigene loswerden.

*

Die Pastöre müssten lernen, frei zu sprechen. „Legen Sie Ihr Manuskript mal weg und tragen Sie Ihre Gedanken zu dem Gleichnis von dem verlorenen Sohn vor."

*

Einen Schulmann, der nicht singen kann, schaue ich nicht an. So Luther in seinen Tischreden.

*

„Er … sprach mit starker, klarer, leidenschaftlich bewegter, aber nicht schreiender Stimme. Dieses Organ klang manchmal heiser und bewegte sich in merkwürdigen Lautstärkekontrasten. Ruhig anhebende Sätze erhoben sich mit einem Mal bei einem Wort oder gegen das Ende zu eindrucksvollster Tonkraft. Diese Kontraste aber schienen nicht oratorisch-deklamatorisch, berechnet auf Wirkungen angesetzt, sondern vermittelten den Eindruck eines ehrlich mitbewegten Herzens."

*

Ein Redner, der mich stark beeindruckt hat, war der Jesuitenpater Leppich. Ob seine Rhetorik heute noch wirkte, weiß ich nicht, aber damals waren die Zuhörer wie vom Donner gerührt. Leidenschaft und Wortgewalt machten das Wort Gottes zu einem „verzehrenden Feuer". Während heute die Kirchen leerer und leerer werden, strömten damals viele Menschen herbei, um Pater Leppich auf öffentlichen Plätzen zu hören.

*

„Ich habe zu meinem Leidwesen oft erfahren, dass Ironie oftmals nicht verstanden wird. Deshalb schicke ich einer entsprechenden Bemerkung manchmal den Hinweis nach, dass dieses oder jenes ironisch gemeint war." (Franz Josef Strauß)

*

Wo rhetorische Wirksamkeit fehlt, führt man Pflichtveranstaltungen ein.

*

Was muss Kohl gelitten haben, wenn er sich außerhalb der Pfalz sprachlich verständigen musste!

*

Jenseits der Worte. „Denn wir wissen nicht, worum wir in rechter Weise beten sollen; der Geist selber tritt jedoch für uns ein mit Seufzen, das wir nicht in Worte fassen können." (Römer 8, 26)

*

Verantwortung kann nur übernehmen, wer Antworten geben kann.

*

Nach dem bekannten „Wörterbuch des Unmenschen" wäre ein gründliches Lexikon der demokratischen Phrase wünschenswert.

*

Der Schauspieler unterbrach sich mitten im Satz und zündete sich in aller Ruhe eine Zigarette an. Eine gute Spannungspause.

*

Das alte Herder-Lexikon bezeichnet die Rhetorik als „Zweig der Sprechkunde bzw. Sprecherziehung." Nein, Rhetorik ist mehr, viel mehr.

14. Januar 2012

Es genügt nicht, den Stoff umfassend zu beherrschen und rhetorisch gekonnt vorzutragen. Nur der Redner wird erfolgreich sein, der Zugang zu den Herzen seiner Hörer findet.

Der Apostel Paulus warnt: „Wenn ich in den Sprachen der Menschen und Engel redete, hätte aber die Liebe nicht, wäre ich dröhnendes Erz oder eine lärmende Pauke. Und wenn ich prophetisch reden könnte und alle Geheimnisse wüsste und alle Erkenntnis hätte; wenn ich alle Glaubenskraft besäße und Berge damit versetzen könnte, hätte aber die Liebe nicht, wäre ich nichts." (1 Korinther 13,1 f.)

*

Gott hat sich nicht nur in den heiligen Schriften offenbart, sondern auch in der klassischen deutschen Musik. Über Anton Bruckner, der seine 9. Sinfonie „Dem lieben Gott" gewidmet hat, schreibt Wilhelm Furtwängler: „Er war gar kein Musiker. Dieser Musiker war in Wahrheit ein Nachfahre jener deutschen Mystiker, jener Ekkehard, Jakob Böhme usw." Ein Prediger, der das Evangelium (= Frohe Botschaft) verkünden will, sollte an dem Jubel von Wagners „Meistersinger"-Vorspiel nicht achtlos vorbeigehen.

*

„Viel hat von Morgen an,
Seit ein Gespräch wir sind und hören voneinander,
Erfahren der Mensch; bald sind wir aber Gesang."
(Friedrich Hölderlin)

*

In einem Konzert im Kanzleramt mit der amerikanischen Opernsängerin Felicia Weathers sang Bundeskanzler Helmut Schmidt mit ihr ein Duett aus Gershwins „Porgy and Bess".

16. Januar 2012

„Ich glaube, dass die protestantische Theologie bisher viel zu ausschließlich über den Glauben und viel zu wenig über das Problem der Glaubwürdigkeit von Personen nachgedacht hat." (Helmut Thielicke)

*

„Äh" ist das meistgebrauchte Wort der deutschen Sprache.

*

Der langjährige Parteivorsitzende hatte eine versoffene Stimme.

*

In einem alten Merianheft finde ich einen Bericht über einen Prediger aus Genf. Er hält sich durch lange Spaziergänge und Hanteltraining körperlich in Form. Er spricht grundsätzlich frei, zitiert alle Bibelstellen aus dem Kopf. Vor der Predigt kein Alkohol und langer Schlaf. Für das Predigen müsse man vorbereitet sein wie für einen Boxkampf.

*

Rhetorische Grundregel. Nicht der Inhalt, sondern die Form, die Gestaltung, die Art des Vortrags machen die Wirksamkeit aus. „Denn oft haben schlechte Redner durch die Würde des Vortrages den Preis der Beredsamkeit davongetragen, und umgekehrt haben sich viele redegewandte Männer durch die Ungeschicklichkeit des Vortrages den Ruf zugezogen, schlechte Redner zu sein ..." (Cicero, Orator 17,56)

*

Der Papst hat die lateinische Messe wieder zugelassen, aber niemand feiert sie. Die alten Sprachen haben etwas Erhabenes und Geheimnisvolles, das der deutschen Umgangssprache fehlt. Im Geheimnis der lateinischen Messe drückt sich das Geheimnis Gottes aus.

*

Es ist offensichtlich Gottes Wille, dass sich seine Kirche allzumenschlich präsentiert. Jede Pressekonferenz des Sprechers der deutschen katholischen Bischöfe beweist es.

*

Konflikte auf internationalen Konferenzen können beigelegt werden, indem man feststellt, die Übersetzung sei unzutreffend gewesen. Dr. Paul Schmidt, Legationsrat und Dolmetscher im Auswärtigen Amt, berichtet, wie der englische Schatzkanzler Philip Snowden 1929 in Den Haag den Franzosen Grobheiten an den Kopf warf: „Was Herr Chéron hier soeben vorgebracht hat, ist lächerlich und grotesk." Als die französische Delegation aufgebracht protestierte, schaltete man eine Gruppe von Dolmetschern ein, die salomonisch urteilte: „Ridiculous and grotesque" kann nicht mit „ridicule et grotesque" übersetzt werden.

*

Göttlichen Ursprungs war nach Vorstellung der Griechen der Dichter und Sänger Orpheus. Er konnte nicht nur die Seele der Menschen, sondern auch Tiere, Bäume und sogar die Steine mit der unvergleichlichen Zaubergewalt seiner Stimme und seinem Saitenspiel bewegen. Sogar Hades, der König der Unterwelt, gab dem Orpheus auf seine klagenden Bitten seine Gattin Eurydike zurück.

*

Lehrsatz: Ein Leersatz ist legitim.

*

„Von den zahlreichen redebegabten Politikern, die ich im Verlauf meines Lebens gehört habe – drei meisterhafte Virtuosen dieser Art waren beispielsweise Theodore Roosevelt, der blinde Senator Gore von Oklahoma und Woodrow Wilson, der Mann ‚mit der Silberzunge' – erreichte keiner die Wirkung, die Hitler zu unserem und seinem Verhängnis in Vollendung zu Gebote stand." (Ernst Hanfstaengl)

*

Goebbels hat manche Elemente der Büttenrede des rheinischen Karnevals verwendet.

17. Januar 2012

Ziel der Rhetorik: die Zuhörer überreden. Beim Autogenen Training überredet man sich selbst: Ich bin ruhig und entspannt. Im Gebet will der Mensch Gott überreden: Unser tägliches Brot gib uns heute.

*

Die Fähigkeiten des großen Redners zeigen sich nicht bei wohlwollenden, sondern bei ablehnenden Zuhörern. Ursprünglich Andersdenkende zum eigenen Standpunkt hinüberzuziehen, das erst zeigt wirkliche Klasse.

*

Lesefunde. „Wer Helmut Schmidt in den Jahren 1981/82 … begleitet hat, … der weiß, dass der Kanzler bis zum Schluss in der Lage war, jede Mehrheit zu kippen, die sich beim Betreten der Säle zunächst gegen ihn aufrichtete." „Mitunter benutzte er sogar den Trick, der folgendermaßen eingeleitet wurde: ‚Ich lege jetzt einmal weg, was meine Mitarbeiter mir aufgeschrieben haben‘, um dann haargenau anhand unseres Materials weiterzusprechen." „Jetzt bewies der Kanzler wieder einmal seine schauspielerischen Fähigkeiten. Als seien ihm die Fragen eben nicht schon einmal gestellt worden, legte er die Stirn in Falten, tat so, als suche er noch nach dem richtigen Wort, um schließlich doch nur dieselben Antworten zu geben."

*

Herbert Zimmermann hat bei jüngeren Rundfunksprechern darauf geachtet, dass die Endkonsonanten präzise ausgesprochen wurden.

*

Kurt Tucholsky empfiehlt in seinen „Ratschlägen für gute Redner": „Hauptsätze, Hauptsätze, Hauptsätze." Ein gebildeter Engländer sagte mir einmal: „This is good." sei ein sehr brauchbarer Satz.

*

Eine schwer erträgliche Sportreporterin. Auch Nebensächliches und Belangloses in hoher Stimmlage, oft gellend und kreischend.

*

Der Redner soll Gemeinschaft stiften. Deshalb ist das Wort „wir" immer günstig.

*

Kierkegaard rügt, dass die Pastöre die Geschichte von Abraham und Isaak ohne Wärme vortragen. Er hätte die Predigten über Mittelstreckenraketen und Kernkraftwerke erleben sollen.

*

Manche Referenten entschuldigen sich für ihr angeblich „trockenes Thema". Es gibt keine trockenen Themen, aber viele monotone Redner.

18. Januar 2012

Fachleute aller Art neigen zu dem rhetorischen Fehler, das eigene Wissen auch beim Zuhörer vorauszusetzen: Abkürzungen, Fachausdrücke, fremdsprachliche Redewendungen. Ganz schlimm sind die Informatiker.

*

Abwechslung erfreut! „Darum wird jener hervorragende Redner seinen Stimmklang ständig wechseln und ändern, die ganz Skala wird er durchlaufen, seine Stimme bald hebend, bald sie senkend." (Cicero, Orator 18,19)

*

„Worte sind Taten." (Ludwig Wittgenstein)

*

Es gibt eine Unmenge neuer Bücher über Rhetorik, die gegenüber dem Cicero nichts Neues bringen.

*

Wichtig: Der Oberbauch soll sich beim Einatmen weiten. So wird die Stimme gestützt.

*

Die hochbedeutsame Bühnenschauspielerin aus M. hat ein sehr niedliches Stimmchen, macht aber stets ein wichtiges Gesicht.

*

Deutsches Marketing. Von den „Zwölf Reden über die Beredsamkeit" des bedeutenden Romantikers Adam Müller gibt es eine merkwürdige Buchausgabe. In den Erläuterungen eines Professors wird der Autor kräftig beschimpft. Das ist so ungefähr wie: Fahren Sie nicht unser Auto, es taugt nichts!

*

Hermann Hesse berichtet von seiner ersten Gesangsstunde, die Schüler hätten gelernt, einen ovalen Mund zu formen. Die meisten Schauspieler formen mit dem Mund einen dünnen Strich, damit die Artikulation etwas undeutlich und der Ton schön dumpf wird.

*

Unser Alphabet mit seinen 26 Buchstaben stellt keine eindeutige und einwandfreie deutsche Aussprache sicher. „Der kleine Hey" unterscheidet z. B. drei Varianten des „o". George Bernard Shaw forderte ein englisches Alphabet mit 42 Buchstaben. Sanskrit hat 50.

*

Viele Menschen finden ihre Bestimmung nicht. Dafür sind sie häufig verstimmt.

*

Trotz sorgfältiger Abstimmung stimmte das Ergebnis nicht.

*

Fremdsprachige Redewendungen können Ausdruck von Sprachgefühl und Bildung sein, aber auch von bloßer Wichtigtuerei.

*

Zeitungsausschnitt. Eine spanische Ministerpräsidentin hatte einen Brief an 21.000 Lehrer geschrieben, der voll orthographischer Fehler steckte.

*

Peinlich: wenn Politiker mit „großen Reden" hervortreten, von denen bekannt ist, dass sie jemand anders geschrieben hat.

*

Redeproduktion bei Bundeskanzler Schmidt. Mehrere Abteilungen des Kanzleramtes und „wichtige Persönlichkeiten" lieferten „Beiträge", die zu einem Ragout zusammengebraut wurden.

*

Aus Leserbriefen: „… hätte man den Dialogen folgen können müssen, um die Handlung zu verstehen. Leider machte das Wortgeprassel, Beiseitesprechen und Genuschel der Darsteller das jedoch unmöglich, und nach einer halben Stunde warfen wir entnervt das Handtuch. So ähnlich müssen Hörgeschädigte sich bei einem Film ohne Untertitel vorkommen." – „In zahlreichen Fällen wird im Fernsehen am Satzende nicht mehr die Stimme gesenkt und Luft geschöpft für die nächsten Worte. Das Satzende wird einfach ignoriert und zumindest die beiden ersten Worte des nächsten Satzes ohne Pause gesprochen, dann erst wird neu Luft geholt."

*

Neulich traf ich einen Mann, der ununterbrochen vor sich hinredete. Nach Pschyrembels Klinischem Wörterbuch handelt es sich um Redesucht, Logorrhö. Früher sprach man von Besessenen, aus denen Dämonen oder der Teufel selbst redeten. –
Jeder kennt Schwätzer, die auch dann noch reden, wenn sich alle längst abgewendet haben. Und es gibt Politiker, die sich von jedem Mikrofon magisch angezogen fühlen.

*

Gespräch mit einer überzeugten Katholikin. Sie hat in den langen Jahren ihres Kirchgangs noch nie einen Prediger erlebt, der ihr imponiert hätte. Wohl aber viele schwache.

*

Cicero empfiehlt dem Redner schriftliche Vorübungen, und Lichtenberg lobt das Schreiben, weil es „immer etwas erweckt, was man vorher nicht deutlich erkannte, ob es gleich in uns lag".

*

Verkäufer der ganz alten Schule reden ihren Gesprächspartner ununterbrochen mit dem Namen an.

*

Bin ich Chauvinist? Zu lautes Sprechen in einer fremden Sprache ist mir noch unangenehmer als in der eigenen.

*

Auf die Frage „Wie geht es Ihnen?" wollen viele gar keine Antwort haben.

*

Zu den Kardinaltugenden des Politikers gehört die Leidenschaft …
Die große Partei, bei der ich einmal tätig war, führte einen Kongress in einer Stadt durch, in der die andere große Partei den Oberbürgermeister stellte. Mit dessen Zusage, ein Grußwort zu sprechen, erging die Bitte an uns, dafür einen Text zu liefern. Das fiel mir zu. Mit den Füßen auf dem Tisch diktierte ich die Rede in wenigen Minuten herunter.
Der Tag der Eröffnung kam und siehe da, das würdige Stadtoberhaupt trug meinen Entwurf wörtlich vor.

*

„Weit riskanter ist es, die breite Vielfalt des Sarkasmus, der Ironie, des Witzes, die Möglichkeiten der kunstvollen Pause, des Tempowechsels und der Satzmelodie zum Einsatz zu bringen. Wenn über den Niedergang der politischen Rhetorik im Lande geklagt wird, spielt die Scheu vor dem Risiko sicher hinein."
(Franz Josef Strauß)

*

In meiner alten Kirchengemeinde gab es zwei Vikare für die Jugendarbeit. Der eine sprach mit dunkler, kräftiger Stimme, der andere stets leise und etwas weinerlich.

19. Januar 2012

Erinnerungen an ein Fernsehinterview mit dem Professor für Rhetorik. Er sagte ununterbrochen „äh" und sprach mit knarzender Stimme in ungünstiger Lage.

*

„… so ist … in der Schauspielkunst der Grund aller höheren Rezitation und Deklamation die reine und vollständige Aussprache jedes einzelnen Worts." „Eine solche suche sich der Schauspieler anzueignen, indem er wohl beherzige, wie ein verschluckter Buchstabe oder ein undeutlich ausgesprochenes Wort oft den ganzen Satz zweideutig macht …"
So Goethe in seinen „Regeln für Schauspieler". Wer zu Recht über das gegenwärtige Theater schimpft, sollte sich aber daran erinnern, dass schon manche Bühnenlegende furchtbar genuschelt hat.

*

Bundeskanzler Brandt setzte nach dem Wörtchen „aber" gern eine markante Pause.

*

Erinnerung an eine Vorlesung in Marburg. Nach wenigen Minuten hatte ich den Faden verloren und konnte nicht mehr folgen. Damals führte ich das auf meine mangelnden Vorkenntnisse zurück. Heute weiß ich es besser: die monotone Stimme, überlange Schachtelsätze und eine Pausentechnik, die die Sätze zerstückelte, ließen mich abschalten.
Am Anfang des Semesters kamen über tausend Zuhörer, am Ende noch fünfzig. In unserem Bildungssystem werden gewaltige Summen durch schlechtes Sprechen vergeudet.

*

Einer unserer Lehrer ähnelte in Stimme und Sprechweise verblüffend dem Humoristen Jürgen von Manger. Während des gesamten Unterrichts mussten wir das Lachen unterdrücken.

*

Der Frieden war ein Schlüsselthema im Wahlkampf 1980. Herausforderer Franz Josef Strauß sprach mit anklagendem und angreifendem Ton. Titelverteidiger Helmut Schmidt setzte die Stimme weicher ein und wirkte beruhigend mit seinem dunklen Timbre. Nicht der Inhalt, sondern Auftreten und Vortrag sind entscheidend für die rhetorische Wirkung. Schmidt blieb Bundeskanzler.

*

„Wer diese Rede nicht versteht, der bekümmere sein Herz nicht damit. Denn solange der Mensch dieser Wahrheit nicht gleicht, solange wird er diese Rede nicht verstehen." (Meister Eckehart)

*

Rainer Barzel war ein hervorragender Redner – und wusste es auch. Das war sein Fehler. Man darf gar nicht wissen, wie gut man ist, sonst wird man eitel. Und das merken die Leute.

*

Schallplatte mit historischen Aufnahmen. Der Reichspräsident Ebert mit warmer, freundlicher, sympathischer Stimme. Der alte Hindenburg furchtbar schwerfällig.

*

Von einem Insider wurde mir glaubhaft berichtet, ein sehr bekannter deutscher Theaterregisseur hätte einige Zeit in einer Irrenanstalt zugebracht.

*

Rede ruft Widerspruch hervor. Adam Müller empfiehlt deshalb dem Redner, diese Widerrede selbst vorzunehmen und schließlich ein abwägendes Urteil als Fazit zu präsentieren. Der Redner soll nicht Monologe halten, sondern Ankläger, Verteidiger und Richter in einer Person sein. Große Rhetorik ist kein Solo, sondern Orchestermusik.

*

Anmerkung zu Hitler. Der Teufel selbst ist ein bedeutender Redner gewesen. Der englische Dichter John Milton rühmt ihn so:

> Wie wenn ein großer Redner, altberühmt
> Einst in Athen oder im freien Rom,
> Wo Rednergabe blühte, stumm seither,
> Der eine Sache mit Gewicht vertrat,
> In sich gesammelt stand und jede Geste,
> Jeglich Gehaben, jede Regung schon
> Die Hörerschaft gewann, bevor die Zunge
> In höchstem Tone oft begann …"

(Das verlorene Paradies 9, 843 ff.)

Übrigens ist für das Verführerische, ja Teuflische der Rhetorik der Nazis Goebbels' Klumpfuß oft als Beweis angeführt worden.

*

„Ihr seid neu geboren worden, nicht aus vergänglichem, sondern aus unvergänglichem Samen: aus Gottes Wort, das lebt und das bleibt." (1 Petrus 1,23)

*

Uwe Friedrichsen, Zollfahnder in der Fernsehserie „Schwarz Rot Gold", setzt in der Anrede manchmal eine feine Pause zwischen „Herr" und dem Nachnamen. So wird ironisch in Frage gestellt, ob der Betreffende wirklich ein Herr ist.

*

Lafontaine ist der umgekehrte Kohl. Während dieser meistens behäbig zur Sache ging, ist jener oft überlebhaft. Noch im unwichtigsten Nebensatz kommt er mit gewaltigem stimmlichem und gestischem Aufwand daher.

20. Januar 2012

Befreiung, 1. Teil. Es war einmal ein Bundespräsident, der hielt viele wichtige Reden. In einer sprach er über die Befreiung Deutschlands am 8. Mai 1945. Weil sie ganz besonders wichtig war, wurde sie unter dem Titel „Die Rede" auf CD veröffentlicht. Sie wurde fortan Dauerthema von Abiturprüfungen und soll den Cicero abgelöst haben.

*

Befreiung, 2. Teil. US-Oberst Charles Lindbergh notierte am 19. Mai 1945 in seinem Tagebuch: „Das Wort ‚befreien' wird hier in einem ganz anderen Sinn als daheim in Amerika verwendet. Daheim bringen unsere Zeitungen Artikel, wie wir unterdrückte Länder und Völker ‚befreien'. Hier verstehen unsere Soldaten unter dem Ausdruck ‚befreien' so viel wie ‚sich Beute beschaffen'. Alles, was man einer feindlichen Person abnimmt oder aus einem Haus wegträgt, wird der Sprache der G.I.s zufolge ‚befreit'. Leicas werden ‚befreit' (sie sind wahrscheinlich der begehrteste Artikel), Waffen, Proviant, Kunstwerke, einfach alles. Ein Soldat, der eine Deutsche vergewaltigt, hat sie ‚befreit'."

*

Heinrich Böll sprach noch langweiliger als er schrieb.

*

„Wer diese Predigt verstanden hat, dem vergönne ich sie wohl. Wäre hier niemand gewesen, ich hätte sie diesem Opferstock predigen müssen." (Meister Eckehart)

*

Früher musste der Staatsmann rhetorisch glänzen. Heute braucht er gute Freunde bei der Presse.

*

Manche Sätze müssen unbedingt gesprochen werden, geschrieben wirken sie nicht. Der Sportreporter Heinz Maegerlein berichtete: „Tausende standen an den Hängen und Pisten."

*

Viele Franzosen sprechen so schnell, dass ich nicht verstehe, dass irgendjemand sie verstehen kann.

*

Über Konrad Adenauer. „Er ist mit seinen fast neunzig Jahren im Wahlkampf 1965 noch immer der zugkräftigste Redner, der mit ungebrochener Vitalität ein Dutzend Wahlreden an einem Tag fast mühelos absolviert."
„Der Humor, diese köstliche rheinische Zugabe, ist etwas ganz Besonderes an ihm, ein Humor, bei dem der Schalk in den Augenwinkeln lauert, der unerwartet aus der Ecke herausspringt, und das Opfer überwältigt. Seine Schlagfertigkeit kommt ihm dabei zustatten, auch hier die Prägnanz, auf das Wesentliche zu treffen, auf den wunden Punkt, die mit einem einzigen verbalen Schwertstreich den Kontrahenten aller äußeren Würde, aller Anmaßung und allen Schutzes entkleidet."

*

Dass die Menschen beim Sprechen die Zähne nicht auseinandernehmen, ist eines der größten Übel unserer Zeit.

*

Der Sozialdemokrat Kurt Schumacher, erprobt in Redeschlachten mit Nazis und Kommunisten, war einer der letzten Redner mit großem Pathos. Er haute gewaltig drauf, allerdings auch manchmal daneben.

*

Kohl gebrauchte häufig die Redewendung „in diesem unserem Lande". Das brachte ihm den Spitznamen Idula ein.

*

Wem das Wort leicht, gar im Überfluss zur Verfügung steht, kann getrost auf die Lehren der Rhetorik verzichten: „Und wenn's euch Ernst ist, was zu sagen, / Ist's nötig, Worten nachzujagen?" (Faust 552 f.)
Viele Menschen von heute leben in dem Wahn, eine Art Goethe zu sein.

*

„Oh, es gibt Schauspieler, die habe ich spielen sehen und von andern preisen hören, und das höchlich, die, gelinde zu sprechen, weder den Ton noch den Gang von Christen, Heiden oder Menschen hatten und so stolzierten und blökten, dass ich glaubte, irgendein Handlanger der Natur hätte Menschen gemacht und sie wären ihm nicht geraten; so abscheulich ahmten sie die Menschheit nach." (Hamlet III,2)

*

Vergangenheitsbewältigung. In einem Buch der dreißiger Jahre werden Hitler, Mussolini, Lloyd George und Clemenceau als bedeutende Redner behandelt (Hitler schwärmt in „Mein Kampf" von Lloyd George). In einer Veröffentlichung nach dem Krieg erteilt der gleiche Buchautor scharfe Rügen für den Redner Hitler.

*

Wenn Will Quadflieg einen Rezitationsabend gab, stand er auf der Bühne. Bei den heutigen Literaturlesungen pflegt man zu sitzen.

*

Der ältere Cato lehrt, dass die Worte folgen, wenn man nur die Sache festhält. Die Politiker von heute setzen große Worte in die Welt und hoffen, dass daraus irgendwie eine Sache wird.

22. Januar 2012

Man könnte Glocken auch musikalischer läuten.

*

„Das Leben eines gebildeten Menschen sollte mit Musik und Nicht-Musik schlechthin so abwechseln wie mit Schlaf und Wachen." (Novalis)

23. Januar 2012

An Stelle von „Ich denke" will Lichtenberg „Es denkt in mir" gesetzt wissen. Jesus rät seinen Jüngern: „Wenn man euch vor Gericht stellt, macht euch keine Sorgen, wie und was ihr reden sollt; denn es wird euch in jener Stunde eingegeben, was ihr sagen sollt. Nicht ihr werdet dann reden, sondern der Geist eures Vaters wird durch euch reden."
Statt „Ich spreche" ereignet sich „Es spricht aus mir".

*

Wenn die Stimme das wichtigste Mittel des Redners ist, dann war Richard Wagner der größte Lehrmeister der Rhetorik.

*

Als Oppositionspolitiker sprach Helmut Schmidt im Tenor, als Bundeskanzler im Bariton. Anklagen und Beruhigen.

*

„Ich bin der geborene Anti-Rhetor. Erstens rede ich nie kurz, zweitens bilde ich lange Sätze, drittens verwende ich viele Fremdwörter und fremdsprachige Zitate." (Franz Josef Strauß)

*

Ich vermeide Fremdwörter und bemühe mich um kurze Sätze.

*

Lesefunde bei Lichtenberg:

„Die große Regel: Wenn dein Bisschen an sich nichts Sonderbares ist, so sage es wenigstens ein bisschen sonderbar."

„Es gibt Predigten, die man ohne Tränen zu weinen nicht anhören und ohne welche zu lachen nicht lesen kann."

„Es ist sehr reizend, ein ausländisches Frauenzimmer unsere Sprache sprechen und mit schönen Lippen Fehler machen zu hören. Bei Männern ist es nicht so."

*

Unterhaltungswert. Erinnerung an eine Vorlesung des Jesuitenpaters Keller. Wenn er schwierige Probleme der Erkenntnistheorie erörterte, spielte „der Dackel der Oma" oft eine belebende Rolle.

*

Der Anfang der berühmt-berüchtigten Sportpalastrede von Goebbels erinnert an die 8. Sinfonie von Bruckner. Nach einem dunklen Raunen bricht gewaltig das erste Hauptthema hervor.

*

Der Redner soll ja von Zeit zu Zeit hochschauen, ob noch alle da sind. Wenn Steinbrück zu den Genossen herunterschaut, erinnert er an einen Lehrer, der kontrolliert, ob auch alle folgen können.

*

„Leise sprach er das Wort Om vor sich hin, über welchem er eingeschlafen war, und ihm schien, sein ganzer langer Schlaf sei nichts als ein langes, versunkenes Om-Sprechen gewesen, ein Om-Denken, ein Untertauchen und völliges Eingehen in Om, in das Namenlose, Vollendete." (Hermann Hesse, Siddhartha)

„Man versetzt das Zwerchfell zunächst in eine langsame, dann immer schnellere Vibration und stößt, indem man die Bauchmuskeln einzieht, wodurch die Schwingungsfrequenz noch erhöht wird, den Vokal O aus, der so am äußersten vorderen Gaumen direkt hinter den Zähnen landet.

Ein weiches Schließen der Kiefer formt den Konsonanten M, pflanzt zugleich die Schwingung im ganzen Kopf fort und ergibt die Resonanz OM." (Jean-Louis Barrault)

*

Der Quizmaster Hans-Joachim Kuhlenkampff hat sich vorgestellt, er spreche in seiner Fernsehshow zu *einer* Person. Einem guten Bekannten.

24. Januar 2012

Schopenhauer unterscheidet drei Arten von Schriftstellern: erstens solche, die gedacht haben, ehe sie schrieben; zweitens solche, die während des Schreibens denken; drittens solche, welche schreiben, ohne zu denken. Eine Einteilung der Redner hat er uns leider nicht hinterlassen.

*

Im Ruhrgebiet verwendet man manche Verben eigentümlich reflexiv: „Ich esse mir eine Bratwurst."

*

Der Papst sprach im Bundestag mit leiser, brüchiger Stimme. Ich könnte mir auch einen Papst mit einer kraftvollen Stimme vorstellen.

*

Katholischer Gottesdienst. Die Orgel ertönt. Sie erdröhnt, denn sie ist ein Mehrfaches lauter als der zaghafte Gesang. Der Organist schlägt ein forsches Tempo an und auch dort, wo der Komponist eine halbe Pause gesetzt hat, wird die Gemeinde gnadenlos weitergetrieben. Damit wird die Atmung von Laien völlig überfordert. Am liebsten riefe ich durch die Kirche: „Kommen Sie mal herunter von der Empore, Mann, und singen Sie uns vor, was Sie da gespielt haben." Ich wette, er könnte es nicht.

*

Das Theater ist kultischen Ursprungs. Es ist in der Gosse gelandet.

*

Ein Paulus, *ein* Savonarola, *ein* Luther bewegt mehr als ein Heer von Kirchenbeamten. *Ein* großer Prediger könnte alles in Bewegung bringen.

*

Reichsaußenminister Gustav Stresemann kämpfte fünf Jahre mit dem Wort als einziger Waffe, um Frankreich zur militärischen Räumung des Rheinlandes zu bewegen.

„In solchen Situationen erwies sich Stresemann immer als Meister. Je länger er sprach, desto mehr erwärmte er sich für die Gedankengänge, die ihm am Herzen lagen, und umso klarer und eindringlicher wurden die Formulierungen ..."
„Immer wieder und mit immer eindringlicheren Argumenten ging Stresemann zum Angriff vor. Man merkte deutlich, wie er mit jedem Mal überzeugender auf Herriot wirkte ..."

*

Märtyrin, Heilige, Nothelferin. Die Philosophen haben Katharina von Alexandrien zu ihrer Patronin erwählt, da könnten sich die Redner und Prediger getrost anschließen.

Als sich Katharina weigerte, dem Zeus und der Aphrodite zu opfern, rief der Cäsar Maximin fünfzig Philosophen herbei, um Katharina umzustimmen. Aber sie bemühten sich vergeblich, die Heilige bezwang sie mit ihrer Weisheit. Die Gelehrten gestanden dem Cäsar, dass auch sie an den Gott der Christen glaubten.

*

Niedergang der Rhetorik: Im Zivilprozess werden nur noch Schriftsätze ausgetauscht.

*

„Ich glaube, es läuft alles auf den richtigen Einsatz des Atems hinaus." Dietrich Fischer-Dieskau über die richtige Gesangstechnik.

*

Die moderne Literatur ist unmusikalisch: „Texte" und „Stücke". Musikalisch waren Friedrich Hölderlin, Clemens Brentano, Hermann Hesse. Viele Gedichte Hesses sind von Komponisten vertont worden.

*

In der musikalischen Notenschrift gibt es ganze, halbe, Viertel- und Achtelpausen. Auch in der freien Rede empfiehlt sich eine abgestufte Pausentechnik.

25. Januar 2012

Vor einiger Zeit Wahlen in Berlin. Lehrreicher Auftritt der Spitzenkandidaten im Fernsehen. Der Wahlgewinner der SPD entspannt, lächelnd, professionell. Der CDU-Mann etwas brav, aber auch mit ordentlicher Leistung. Die Vertreterin der Grünen mit harter, gedrückter Stimme. Ihr Gesicht zuckt ständig, sie wirkt, als habe sie gerade einen schweren Autounfall miterlebt. Sie will „authentisch" sein und „verbiegt sich nicht".
Authentisch ist, wer ohne Furcht vor den Folgen seinen Standpunkt vertritt. Mürrische Mienen, undeutliches Sprechen oder schlechter Satzbau sind Gewohnheiten. Man sollte das bequeme Festhalten an ihnen nicht als „authentisch" verkaufen.

*

Unerbittlich verfolgt uns das Geschwätz der mobilen Telefonierer.

*

„Gott schuf den Menschen durch das Wort, und die wahre Menschlichkeit des Menschen wird noch immer durch das Wort Gottes geschaffen bis ans Ende der Welt." (Ferdinand Ebner)

*

Die alten Sagen und Märchen schildern den Teufel als einen unheimlichen Gesellen mit Bocksfüßen und Schwefelgeruch. Goethe in seiner Genialität macht aus ihm einen respektablen Gesprächspartner, der wissenschaftlich gebildet ist und gewählt zu sprechen weiß. Der moderne Teufel verwischt den Gegensatz von Gut und Böse und stiftet eine Verwirrung der Begriffe. Die Kriminalgeschichte berichtet von Schwerverbrechern, die sich als „Wohltäter der Menschheit" und „Kämpfer für Gerechtigkeit" verstanden haben. Die Dreistigkeit, mit der durch Sprache betrogen wird, kennt keine Grenzen.

*

Vor einigen Wochen Fernsehinterview mit der Bundeskanzlerin: Wenn wir die DM noch hätten, könnten wir kein einziges (!) Exportgut verkaufen.
Jedes Kind weiß, dass Deutschland zu DM-Zeiten Exportweltmeister war.
Immerhin nahm die Bundeskanzlerin glaubwürdig zu ihrem Bluthochdruck Stellung.

*

Jesus spricht: Mein Reich ist nicht von dieser Welt. Buchtitel eines Kardinals: Christlich sein heißt politisch sein.

*

Was ist rhetorisch das Wichtigste? Dass man wiederholt und wiederholt. Menschen, die durch einmaliges Hören alles verstehen, sind selten.

*

Ein hoher Unterhaltungswert befördert die rhetorische Wirksamkeit. Von dem amüsanten „Canterville Ghost" von Oscar Wilde habe ich mir viel mehr Vokabeln gemerkt als von allen anderen englischen Lektüren.

*

Viele Menschen haben des Kaisers neue Kleider bejubelt, nur ein Kind hat ausgesprochen, dass er nackt war. Erich Kästner („Über den Tiefsinn im Parkett") zeigt, dass ein Theaterstück eines „bedeutenden" Autors auf einem Baufängertrick beruht. Wer es versteht, ein wichtiges Gesicht zu machen, kann jeden Unsinn daherreden.

*

„Man kann den Leuten alles vorsetzen." Erkenntnis einer bekannten Schauspielerin.

*

Es gibt Gesangsstimmen, die ohne Verstärkung nicht einmal ein Wohnzimmer füllen.

*

Er ist daran gescheitert, dass in seiner Dissertation Fußnoten fehlten. Sein Großvater Karl Theodor Freiherr zu Guttenberg (1921–1971) hat ein Buch unter dem Titel „Fußnoten" hinterlassen (Stuttgart 1971). Lesefunde:
„In der Demokratie gibt es eine Pflicht, die allem anderen vorgeht: Nämlich zu sagen, was ist."
„Demokraten sollten Ehrfurcht haben vor dem Wort."
Bei der Lektüre eines Nobelpreisträgers hatte er „auf langen Seiten den penetranten Geruch eines Bahnhofspissoirs in der Nase".

*

Moltke. Dass „der Schweiger" ein ehrenvoller Beiname war, deutet vielleicht darauf hin, dass Deutschland nicht das klassische Land der Redekunst ist.

*

Gegenüber manchen Leuten kann man seinen Geist nur dadurch zeigen, dass man überhaupt nicht mit ihnen redet. Ein Hinweis Schopenhauers. Gegenüber dem deutschen Theater kann man seinen Geist nur dadurch zeigen, dass man es nicht besucht.

*

Rhetorik und Philosophie. Nicht Gegner, sondern Freunde.

*

„Der Gruß der Philosophen untereinander sollte sein: ‚Lass dir Zeit!'" Ein schöner Aphorismus von Wittgenstein, der auch für die Rhetorik gilt.

*

Beitrag zum Abbau der Staatsschulden: eine Pause für Theatersubventionen.

28. August 2012

Cicero entwickelt eine Vorstellung des idealen Redners, der aus den Hallen der philosophischen Akademie stammt und über eine umfassende Bildung verfügt. Noch großartiger ist, was die Apostelgeschichte über das Pfingstereignis berichtet: Die vom Heiligen Geist ergriffenen Jünger redeten in fremden Sprachen, „wie es der Geist ihnen eingab". Und Petrus, kein Studierter, sondern ein einfacher Fischer, predigte dem Volk, und es traf sie „mitten ins Herz".

*

Heute gilt als guter Rhetoriker, wer in Talkshows ein paar flotte Sprüche absondert.

*

Ein Professor für Rhetorik schrieb, Deutschland habe keine große rhetorische Tradition, weil es erst spät Republik geworden sei. Merkwürdig: Je älter unsere

Republik wird, desto schwächer werden die rednerischen Leistungen. Was für Redeschlachten haben die 50er- und 70er-Jahre geboten!

*

Geschmack im Wandel. In dem Reichsparteitagsfilm „Triumph des Willens" sind die Hitlerreden eine Zumutung. Mehr geschrien als gesprochen. Mimik und Gestik künstlich und lächerlich.
In Hitlers besseren, auf Tondokumenten erhaltenen Reden wirkt er durch einen vorwärtstreibenden Rhythmus und starke, prägnante Konsonanten.
Das rollende r.

*

Das sprecherische Handwerkszeug des Rhetorikers und das des Schauspielers sind identisch. Nur dass der Redner seinem eigenen Antrieb folgt, der Bühnendarsteller dem eines fremden Autors. Schöpfer und Nach-Schöpfer.

29. Januar 2012

Feministischer Gottesdienst. Statt einer Predigt wird eine Rezitation biblischer und literarischer Texte durch eine Schauspielerin angeboten. Sie spricht mit geringem Tonumfang ohne merkliche Höhen und Tiefen, vielleicht eine Quinte.

*

Jean-Louis Barrault warnt seine Schauspielerkollegen vor zu viel Filmarbeit: Das sei schädlich für die Diktion. Wie mancher bedeutende Schauspieler auf der Bühne gesprochen hat, wissen wir nicht mehr, aber Heinrich George etwa hat im Film genuschelt und ist manchmal nur mit Mühe zu verstehen. Bei heutigen Fernsehschauspielern ist eine sorgfältige Artikulation so gut wie unbekannt: Konsonanten, ganze Silben werden ausgelassen. Bühnenartikulation alter Schule bietet Horst Caspar als Gneisenau in dem Film „Kolberg". Der Mund ist ganz ungewöhnlich in Bewegung und formt jeden Konsonanten mit großer Sorgfalt. Weicher Einsatz der Stimme, dann Steigerung zu schneidender Schärfe. Gemessene Ruhe des Tempos, dann aber auch treibend und mitreißend im Rhythmus.

30. Januar 2012

Jede Krankheit ist ein musikalisches Problem, schreibt Novalis. Auch die Lösung des Problems ist auf musikalischem Wege zu suchen. Der Inder, der das Om spricht/singt, versetzt den Körper in eine heilende Schwingung und erlebt das Heil. In der russischen Kirche in Leipzig habe ich einmal eine sprechgesangliche Liturgie gehört, die mich ergriff und mir mein Heil verkündete, obwohl ich kein Wort Russisch verstehe. Wundervolle Stimmen, voll der Wunder.

*

Katholischer Gottesdienst in der Hauptkirche einer Großstadt. Der Lektor tritt zur Schriftlesung mit würdigem Gesicht und guten Willen ans Pult. Ein Wort ist wie das andere, ausdruckslos und monoton. Der Kirchenschlaf!
Die katholische Kirche hat bedeutende Beiträge in den Künsten hervorgebracht: Kirchenbau, Musik, Predigt. Sie ist in der kunstgewerblichen Drittklassigkeit angekommen.

*

Sammler sind glückliche Menschen, sagt Goethe. Sänger noch mehr! Es ist unmöglich, ein schwieriges Lied, eine anspruchsvolle Arie gut zu singen und dabei schlechte Laune zu haben.

*

„Das Wort Stimmung deutet auf musikalische Seelenverhältnisse. Die Akustik der Seele ist noch ein dunkles, vielleicht aber sehr wichtiges Feld. Harmonische und disharmonische Schwingungen." (Novalis)

*

Die Theatergruppe Stanislawskis ist in Berlin mit russisch gesprochenen Theaterstücken aufgetreten und hat bei Menschen, die gar kein Russisch konnten, große Bewunderung hervorgerufen. Der Schauspieler O. E. Hasse hat das so lange nicht geglaubt, bis es ihm in einem englischen Stück ähnlich ergangen ist.

*

Es gibt Erkenntnisse, die einen langen Bart haben, und es ist fast peinlich, sie noch einmal anzuführen.

„Denn oft haben schlechte Redner durch die Würde ihres Vortrages den Preis der Beredsamkeit davongetragen, und umgekehrt haben sich viele redegewandte Männer durch die Ungeschicklichkeit ihres Vortrages den Ruf zugezogen, schlechte Redner zu sein; so dass gewiss Demosthenes nicht ohne Grund als das Wichtigste an erster, an zweiter und an dritter Stelle den Vortrag bezeichnet hat. ... Darum wird, wer den obersten Platz in der Beredsamkeit anstrebt, mit scharfer Stimme sprechen in den heftigen Partien und mit gesenkter in den ruhigen; will er Würde zeigen, mit tiefer Stimme, geht es um Rührung, mit bewegter. Wunderbar ist ja die Natur der Stimme: Sie besitzt im ganzen nur drei Register, hohe, tiefe und mittlere Lage, und bewirkt doch eine so reiche, so reizvolle Vielfalt im Gesang (in cantibus)." (Cicero, Orator 17, 56 f.)
Ich kenne Pastöre, die den ganzen Samstag mit der schriftlichen Abfassung ihrer Sonntagspredigt verbringen, ohne ein einziges Mal an den Vortrag zu denken.

*

Es ist aufschlussreich, Schauspielern beim Sprechen auf den Mund zu schauen. Bei manchen kleben die Mundwinkel zusammen. In der Mitte ein winziges Schallloch.

*

Alter Fernsehkrimi mit Adolf Wohlbrück. Im ersten Teil gibt er einen Charmeur und spricht mit weichen Konsonanten. Am Schluss stellt sich heraus, dass er der Mörder ist, und er spricht die Konsonanten messerscharf.

*

Kennedy. Mit einer gut geschriebenen Rede von fremder Hand macht man mehr Eindruck als mit einer schlechten, die man selbst verfasst hat. „Ich bin ein Berliner."

*

In den Parteizentralen gehen täglich Briefe aus der Provinz ein, in denen die kompliziertesten Weltprobleme gelöst werden. Sie werden alle beantwortet. Gewisse Formulierungen werden ständig verwendet: „Herr Dr. ... dankt Ihnen sehr herzlich ..." / „... haben wir mit großem Interesse zur Kenntnis genommen ..." / „... an den zuständigen Ausschuss weitergeleitet ..."

*

„Du Kräftiger, sei nicht so still,
Wenn auch sich Andre scheuen.
Wer den Teufel erschrecken will,
Der muss laut schreien."

(Goethe)

*

Die meisten Reden bieten keine Höhepunkte.

*

„Er steht zu seinem Wort." Eine Grundregel der Rhetorik. Auch Chöre singen im Stehen – wegen der besseren Atmung.

*

Der Aufstieg des Nationalsozialismus war mit den rhetorischen Fähigkeiten Hitlers eng verbunden. Er eilte im Kraftfahrzeug und Flugzeug durch Deutschlands Gaue, um Millionen mit seiner persönlichen Wirkung zu erreichen. Dagegen war in der zweiten deutschen Diktatur mit den Ulbrichts und Honeckers als Redner, ganz wörtlich genommen, kein Staat zu machen.

*

Zeitwende. Mit dem Rückzug der deutschen Wehrmacht mied Hitler mehr und mehr das Rednerpodium, am Schluss sprach er nicht einmal mehr über den Rundfunk. Ein letztes rhetorisches Nachhutgefecht lieferte der Reichsmarschall Göring dem amerikanischen Chefankläger Jackson vor dem Nürnberger Tribunal. „Göring wins the round", notierte eine amerikanische Zeitung. Dann kehrte in der Not der Nachkriegsjahre eine große Nüchternheit in die politische Rede ein, und die protestantischen Schuld- und Bußpredigten erklangen.

*

Erfahrungen eines Dolmetschers. „Krach übersetzt sich immer gut." – „Etwas stutzig machte mich dabei schon das Wort ‚grundsätzlich'. Wenn in Genf ein Delegierter ‚en principe' zustimmte, so wusste man von vornherein, dass er in der Praxis den Vorschlag ablehnte."

*

An das vorzügliche Verlobungsessen vor langen Jahren erinnere ich mich noch gut, an die Reden der Brauteltern nicht mehr.

*

Aus der Operette ins Rednerhandbuch: „Doch wie's drinnen aussieht, das geht niemand etwas an." (Franz Lehár, Land des Lächelns)

*

Unterhaltungswert. Auf Marktplätzen gab es manchmal einen Stand, an dem neuartige Teppichreinigungsmittel, Fußtabletten und anderes angepriesen wurden. Und es gab dann noch Rasierklingen, Kugelschreiber und andere Beigaben zu einem sensationellen Niedrigpreis. Diese Stände waren oft von größeren Menschentrauben umlagert. Kaufen wollten die wenigsten, wohl aber die Geschichten und Witze des Ausrufers hören. Man fühlte sich einfach gut unterhalten.
Das abfällige Wort „Marktschreier" ist da unpassend. Wer freiwillige Zuhörer findet, muss schon etwas können!

31. Januar 2012

Ein Schauspieler, der mir imponiert: Gert Fröbe. Eine Stimme mit gewaltiger Energie.

*

Bekannt ist der Rat, dass der Schriftsteller fröhlich sein müsse. Der Redner auch. Stattdessen saure Mienen und viel schlechte Laune.

*

Erinnerungen an einen Sprachkurs in Frankreich. Die französischen Lehrer ließen nicht die geringste Abweichung von der korrekten Aussprache durchgehen. Wie nachlässig ist dagegen die deutsche Aussprache der Absolventen hiesiger Sprachkurse!
Lieben wir unsere Sprache?
Eine Mitarbeiterin des Goethe-Instituts, das angeblich deutsche Kultur in aller Welt verbreiten soll, erzählte einmal in höhnischem Ton, sie lese grundsätzlich keine deutsche Literatur.

*

Den Zuschauern ausländischer Filme wird im Vor- oder Abspann mitgeteilt, wer für Bildschnitt und Kostüme zuständig war. Für unwichtig hält man aber, wer

den Darstellern ihre deutschen Stimmen gegeben hat. Bezeichnend für das
Ansehen, das die Sprechkunst in unserem Lande genießt.

*

Inspektor Columbo ist von vier verschiedenen Sprechern synchronisiert worden.
Kongenial Klaus Schwarzkopf mit seiner leichten, beweglichen, ironisierenden
Stimme.
Die manchmal relativ unbekannten Synchronsprecher übertreffen oft die
Weltstars, denen sie ihre Stimme leihen.

*

Luther predigte nicht für die Doktoren und Magister, sondern für das einfache
Volk.

*

In einem akademischen Lehrbuch der Rhetorik lese ich, dass Zuhörer
schnelleres Sprechen besser aufnähmen als langsames. Ob man wohl auch eine
hastig heruntergeschlungene Mahlzeit besser aufnimmt als eine gut
durchgekaute?

*

Zeitalter der Übervisualisierung. Ein Satz wird gesprochen und steht noch
einmal an der Wand. Warum spricht man noch?

*

Dynamische Wechselwirkung zwischen Denken und Sprechen. Einer guten
Rede sollten gute Gedanken vorangehen, aber das Sprechen wiederum ist
Geburtshelfer neuer Gedanken.
Deshalb rät Kleist, über ein ungelöstes Problem zu sprechen, um es zu lösen.

*

Im Fernsehen Interview mit einem ehemaligen Landesminister, der wie und als
verwechselte.

*

Monologe Rede, die ankommen soll, muss im Grunde dialogisch angelegt sein. Sie muss Antworten geben auf Fragen, die die Zuhörer bewegen, Stellung nehmen zu dem, was in ihnen vorgeht.

*

Gute Zuhörer sind genau so selten wie gute Redner. In München erlebte ich einmal einen Gastwirt, der fehlerfrei sieben oder acht Bestellungen aufnahm.

*

Der dümmste Vortrag, den ich je gehört habe, behandelte Fragen der modernen Kunst. Die Referentin war beim Fernsehen, und alle machten ein andächtiges Gesicht.

*

„Ich habe Ihre Frage nicht verstanden." Damit hat Helmut Schmidt manchen Zwischenrufer zum Verstummen gebracht.

*

Nach der Geschäftsordnung des Deutschen Bundestags sprechen die Redner „grundsätzlich im freien Vortrag". Wie viele Abgeordnete können das noch?

*

Das Beste an vielen Vorträgen ist das Aufatmen am Schluss: Endlich geschafft!

*

Blickkontakt. Der Redner muss ein guter Hörer sein, aber er sollte auch gut sehen können. Die Zuhörer anzuschauen ist nicht nur eine Sache der Höflichkeit, sondern gibt Aufschluss über die Stimmung im Publikum.

*

„Alles ist bereits gesagt." (La Bruyère)

1. Februar 2012

Was macht die Qualität eines Vortrags, einer Predigt aus? Dass die wichtigen Aussagen im Gedächtnis der Zuhörer haften.

*

Unerschöpflicher Lichtenberg:
– „Zwei Personen, die sich komplimentieren, würden einander an den Köpfen kriegen, wenn sie wüssten, was sie voneinander denken."
– „… der Frost der Nachschwätzerei hatte sie schon alle gedrückt …"
– „Ich glaube, der schlechteste Gedanke kann so gesagt werden, dass er die Wirkung des besten tut …".

*

Und wenn es noch so unangenehm kommt: Wir müssen uns wieder durcharbeiten zu froherem Sinn.

*

Aus-sprechen: sich erleichtern, etwas loswerden, verarbeiten. Wir kommen wieder in Ordnung, indem wir uns „etwas von der Seele reden".
Aus-reden: sich rechtfertigen, etwas übertönen und zudecken. Die stundenlangen Monologe Hitlers, der niemand zu Wort kommen ließ.

*

Der Redner sollte dem Volk aufs Maul schauen, aber nicht ihm nach dem Munde reden.

*

„Wir leben seit Jahren über unsere Verhältnisse." – Das „wir" verbitte ich mir.

*

Wirksame Worte. Wenn ich „Zitrone" höre, zieht sich mein Mund zusammen.

*

„Selig, die Gottes Wort hören und bewahren!" (Lukas 11,28)

*

„Da nun … das Wort aber von Gott kommt und seinem ersten und letzten Sinn nach im Menschen zu Gott zurückwill …" (Ferdinand Ebner)

*

Aus einem Gewerkschaftsbetrieb: „Genossen, erst wird die Bilanz gemacht, dann wird gebucht."

*

Der politische Witz stand in der Deutschen Demokratischen in einer einzigartigen Blüte. Wo man offen reden konnte, machte man sich Luft: „Warum kann es kein Honeckerschnitzel geben?" – „Weil das Schwein noch lebt."

*

Aus den Memoiren eines Kriminalisten: „Innerlich jubilierte man darüber, dass es endlich so weit war und der Beschuldigte anfing zu gestehen, nach außen aber musste dem Tieferschütterten Anteilnahme und ein gewisses Verständnis für seine Tat gezeigt werden. Der einmalig günstige seelische Zusammenbruch musste mit kalter Berechnung dazu ausgenutzt werden, ein umfassendes Geständnis zu erzielen und es auch zu Protokoll zu bringen. Im Interesse der Sache musste geschauspielert werden. Bei kleinen psychologischen Fehlern, die dem Vernehmungsbeamten in diesem Augenblick unterlaufen, kann es dazu kommen, dass sich der Beschuldigte wieder fängt, erneut alles bestreitet und noch verstockter wird als zuvor."

*

Viele Redner wenden sich an die ohnehin schon überlastete analytische linke Gehirnhälfte des Hörers. Es macht wenig Freude, ihnen zuzuhören, aber sie verstehen es meisterhaft, für mehr Stress zu sorgen.

*

In der deutschen Umgangssprache ist der Punkt ausgestorben. Es gibt nur noch Kommas, und die Sätze schachteln sich ins Unendliche.

2. Februar 2012

Deutschland schafft sich ab – im Deutschunterricht. Viele Abiturienten haben Mühe, ein oder zwei Unterrichtslektüren zu nennen. Und die sind oft auch noch von drittklassigen oder ausländischen Autoren. Textverarbeitung statt Hölderlin.

*

Lesenswerte Schauspielerbiographien:
– Will Quadflieg: Wir spielen immer.
– Ernst Schröder: Das Leben – verspielt.

*

„Sprechen Sie dunkel!" Eine verfehlte Anweisung von Schauspielschulen. Manche Schauspieler drücken die Stimme ins tiefe Register, statt den ganzen Stimmbogen zu nutzen. Schön langweilig.

*

Cicero hat den idealen Redner beschrieben. Was dieser wissen und können muss, seine umfassende Allgemeinbildung, seine psychologischen Fähigkeiten, die Beherrschung der verschiedenen Redestile.
Ich füge hinzu: eine gute und gründliche Gesangsausbildung. Singen ist schwerer als sprechen, nur bei schwierigen Gesangsaufgaben lernt man den Stimmapparat richtig kennen.

*

„Lehrbuch der Rhetorik" – ein Widerspruch in sich.

*

Lösung für das Stottern: Den Krampf seelenruhig abwarten und in eine rhetorische gewollte Pause umwandeln.

*

Die meisten Menschen haben von der Natur eine gesunde und sogar schöne Stimme, verderben sie aber durch falschen Gebrauch: ungünstige Stimmlage, falsche Atmung, unsorgfältige Artikulation.

*

Es gibt Formen von „Musik", die das Gehör vieler Menschen verdorben hat. Bei einem normalen Gespräch schreit man sich an.

*

Vernunft und Leidenschaft sollte der gute Redner einsetzen. Vernünftige Leidenschaft, leidenschaftliche Vernunft.

*

Sprache, gesprochene Sprache, ist der wichtigste Schlüssel zur Integration. Es gibt in Deutschland Schwarzafrikaner, die gut Hochdeutsch sprechen, und sogenannte Deutsche, die überhaupt kein Deutsch können.

*

Wirkungen des Alkohols: gutes Stimmvolumen, mangelhafte Artikulation.

3. Februar 2012

Schauspieler in der freien Rede des Interviews: Viel „äh", keine Pausen, zu schnelles Tempo.

*

Manche Hunde flößen mit ihrer Stimme Furcht ein, andere kläffen, und man nimmt sie nicht ernst.

*

Einerseits: Wer schreit, hat Unrecht. Aber: Jeder Mensch tritt in das Leben mit einem Schrei ein. Und um erwachsen zu werden, muss man noch einmal aufschreien und aufbegehren.

*

Der Vorgesetzte wollte seine Mitarbeiter begeistern. Der gute Vorsatz war da. Aber er sprach mit tiefer, knarzender Stimme.

*

Jesus heilte nicht mit Medikamenten, sondern mit dem gesprochenen Wort.

*

Wortfetzen vom Nebentisch: „Ich initiiere da einen Prozess ...“

*

Da die meisten Menschen Probleme mit dem Zuhören haben, empfiehlt es sich, den Stoff auf einige wenige Grundaussagen zu konzentrieren. Und diese mehrfach zu wiederholen.
Die Wiederholung ist ein einfaches, aber nachhaltiges Mittel, um noch den letzten Zuhörer zu erreichen: Im Übrigen bin ich der Ansicht, dass Karthago zerstört werden muss, hat der alte Cato immer wieder und bei jeder passenden und unpassenden Gelegenheit gesagt.

*

Helmut Schmidt, der große Redner, hatte seine Partei nicht im Griff. Helmut Kohl, der Antiredner, beherrschte die innerparteiliche Kommunikation meisterhaft. (Eine Tüte Geld ist auch ein Argument, das nachhaltig wirkt.)

*

Teilhabe an der Gotteskraft ist der Kern der Religion, schreibt Ricarda Huch. Alle religiöse Verkündung, die nicht Gotteskraft vermittelt, verfehlt ihren Zweck.

*

Tüchtige körperliche Bewegung mit tiefer Atmung vermittelt mehr Pneuma als manche kirchliche Predigt über den Heiligen Geist.

5. Februar 2012

„Selten zuvor dürften in einer Kanzlerrede die Behauptung, alles sei auf gutem Weg, und die entgegengesetzte, es drohe, wenn nicht grundsätzlich umgedacht werde, Schlimmstes, sich so oft abgewechselt haben wie in dieser. ... Es geht uns also wirtschaftlich gut und schlecht.“
„Doch wurde man Zeuge noch einer ganz anderen Krise: die der politischen Rede. Ihre Voraussetzung, dass es etwas zu sagen gibt, weil jemand etwas weiß und etwas Bestimmtes vorhat, scheint derzeit entfallen.“ (Aus der FAZ)

*

Vor einiger Zeit im Focus über „Das große Geschwätz": „Nicht gute Gründe zu haben, sondern ‚authentisch rüberzukommen' ist das entscheidende Kriterium der Wortpolitik."

*

Schon Kierkegaard (1813–1855) hat geklagt: „Was ist das, Schwätzen? – Es ist die Aufhebung des leidenschaftlichen Widerstreits zwischen Schweigen und Reden. Nur der, der wesentlich schweigen kann, kann wesentlich reden. … Schwätzen nimmt das wesentliche Reden vorweg. Aber dem Geschwätz graut vor dem Augenblick des Schweigens, der die Leere offenbar machen würde."

*

Athleten trainieren ihre Muskeln, Redner die Beweglichkeit des Mundes. Demosthenes sprach mit einem Kieselstein im Mund gegen die Brandung des Meeres an. Generationen von Schauspielschülern haben Artikulation und präzise Aussprache mit einem Korken zwischen den Zähnen geübt. Die Schauspielerin Inge Meysel hat neue Rollentexte „auf den Korken" gesprochen.

*

Die alten Sozialisten, die auf offenen Plätzen zu Versammlungen sprachen, haben eine körperliche Leistung vollbracht, die bewundernswert ist. Der moderne Mensch ist schon in kleinen Konferenzräumen ohne Mikrofon hilflos. Wir haben es herrlich weit gebracht.

*

Noch besser als die Übung mit dem Korken ist eine völlige Entspannung des Unterkiefers. Viele Menschen sprechen zu leise, weil sie die Zähne nicht auseinandernehmen.

*

Die deutsche Sprache ist ein Quell der Philosophie und Poesie, sagen Leibniz, Hegel und Schelling. Gilt das noch?

*

Während das „Äh" sich unverändert großer Beliebtheit erfreut, kommt das klare „Nein" ganz aus der Mode. Niemand will sich festlegen, klar Stellung beziehen.

„Wir melden uns wieder bei Ihnen" ist im heutigen Geschäftsdeutsch eine glatte Absage.

*

„Jedes Los gewinnt", tönt es von der Lotteriebude. Der Ausrufer hebt die Stimme auf „gewinnt", ich bevorzuge „jedes".

*

Sogar mit Gott und den himmlischen Heerscharen spricht der religiöse Mensch in Wiederholungen. Im Rosenkranzgebet immer wieder das Ave Maria.

*

In einem italienischen Lokal werde ich als „Chef" angeredet. In Wien ernennt man seinen Gesprächspartner gern zum Doktor. Im sozialistisch geprägten Deutschland kennt man solche Höflichkeiten nicht.

*

Manchmal wird schlecht artikuliertes, fehlerhaftes Deutsch mit Dialekt verwechselt. Die Dialekte haben eigene grammatische Regeln und werden von manchen Menschen sorgfältig artikuliert gesprochen.

*

Eine Redewendung, die die Stimmung der Zuhörer aufheitert, muss nicht unbedingt auf Wahrheit beruhen.

*

Die meisten stimmlichen und sprecherischen Defizite können mit Disziplin und Übung behoben werden. Wenn bloß die Faulheit nicht wäre.

*

Wie jeder Athlet die Muskeln vor dem Wettkampf aufwärmt, sollte der Redner die Stimme vorbereiten. Von leise und tief zu kräftig und hoch.

*

Wie sage ich es? Was sage ich? Zu diesen beiden rhetorischen Schlüsselfragen gesellt sich eine dritte: Wer bin ich?

Es könnte ein Goethe, ein Schopenhauer unter uns leben, ohne einen „Namen" in den „Medien" brauchte er den Mund nicht aufzutun. Dafür werden wir darüber unterrichtet, was Fußballer oder Schlagersternchen zu den großen Fragen der Welt äußern. Ganz schlecht wird das Niveau, wenn Altpolitiker oder Altkabarettisten über Fußball sprechen.

*

Training der Atemkondition. Die Zunge an den Gaumen legen und auf ein leises „s" ausatmen („Schlangenübung"). Mein erster Gesanglehrer schaffte zwei Minuten.

*

Eine Grundschule, der nicht die Atmung zu Grunde liegt, verdient ihren Namen nicht.

*

Mit Bewunderung und Anerkennung: Der hat einen langen Atem.

*

Der Akademische Oberrat für Sprechwissenschaft sagte häufig „äh". Mit niederen Dingen wie Pausentechnik gibt man sich in diesen Kreisen nicht ab.

*

Oscar Wilde soll als lebendiger Erzähler eine großartige Erscheinung gewesen sein. Seine literarischen Werke, so berichten Zeitgenossen, seien hinter seinem mündlichen Vortrag weit zurückgeblieben.

*

„Denn der eigene Ton wird sofort hörbar, wenn der Redende selber in seiner Rede ‚ist', wenn er sich selber gibt und sein ganzes Herz hineinlegt." (Helmut Thielicke)

6. Februar 2012

Kardinal von Galen, der „Löwe von Münster", trat Hitlers Schergen im hellen Licht der Öffentlichkeit entgegen und mehrte den Ruhm des göttlichen Wortes.

*

„Jagd der Liebe nach! Strebt aber auch nach den Geistesgaben, vor allem nach der prophetischen Rede!" (1 Kor. 14,1)

*

Comedians. Zu dick aufgetragene Witzigkeit. Pointen, die auch der Dümmste im Saal versteht. Satiren, die der Zensor erkennt, gehören bekanntlich zu Recht verboten.

*

Werbespots seien das Beste, was heute gefilmt werde, hat Leni Riefenstahl einmal gesagt. Auch griffige, einprägsame Formulierungen findet man heute eher in der Werbung als in der politischen Rede.

*

Der Psychiater Hans Bürger-Prinz hat eine Renaissance des Hysterischen diagnostiziert. Manche Frauenstimmen bestätigen das.

*

Wenn der Mülheimer Pietist Gerhard Tersteegen predigte, waren die Stuben seines Hauses voller Menschen. Man öffnete alle Fenster und Türen, stellte Leitern ans Haus, um etwas von seinen Worten zu erhaschen. Totenstille herrschte, da Tersteegen mit seiner schwachen Stimme nur leise sprechen konnte. Und heute? Die Kirchen werden leerer und leerer.

*

Der Bundeswirtschaftsminister spricht bei zwei Billionen Euro Staatsschulden von „soliden öffentlichen Finanzen". Neben solchen rhetorischen Schönfärbereien der Lage erleben wir Überdramatisierungen wie die Atomhysterie. Eine gelassene, nüchterne Beschreibung der Realität wäre wünschenswert.

*

Erinnerungen an zwei Busfahrten in England. Die eine, nach Eton und Windsor, von einer Engländerin in vorzüglichem Deutsch begleitet. Sie sprach wohldosiert zu jeweils einem Thema und legte gute Pausen ein. Die andere Fahrt führte nach Stratford-upon-Avon und Oxford. Eine deutsche Reisebegleiterin redete ununterbrochen, schnell und verworren. Eine Vorform der Folter.

*

Amtsdeutsch. Lieber ein steifes Substantiv als ein – beweglicheres – Verb. In einem Brief wurde für die „Zurverfügungstellung" eines Zuschusses gedankt.

*

Jeder rhetorische Stil wirkt in seinem historischen Umfeld. Manches von Hitler wirkt heute ganz unmöglich, ja lächerlich. Unsere Operninszenierungen werden bei künftigen Generationen nur Kopfschütteln auslösen.

*

Eine Schauspielerin hält den Dialekt ihrer schwäbischen Heimat für besonders attraktiv: „Dieser schwäbische Singsang macht alles leichter." Einbildung ist bekanntlich auch eine Form von Bildung.

*

Zu den psychologischen Schulweisheiten, die bereits bei Schülern angekommen sind, gehört die, dass der erste Eindruck entscheidend ist. Besonders hilfreich sind ein erfreutes Gesicht und eine hohe Stimmlage.

*

Wer erklärt, dass er nicht an Rücktritt denke, hat mit Sicherheit daran gedacht.

*

Hörbücher, groß in Mode, langweilen mich fast immer. Nur wenigen Sprechern gelingt, fertigen Text so lebendig vorzutragen wie freie Rede. Beim Hören sieht man förmlich das Manuskript in der Hand. Das beste Stück in einer dickleibigen Kassette der Deutschen Grammophon-Gesellschaft: der ältere Thomas Mann, der seine Erzählungen mit erstaunlicher Lebendigkeit vorträgt.

*

Er ist bedauerlich, dass von unseren Bundespräsidenten niemand ein volkstümlicher Redner gewesen ist. Ganz schlimm der erste. Behäbige, einschläfernde Tempi. Selbstgefällige schwäbische Dialekteinfärbung, die für jedes norddeutsche Ohr aufreizend ist. Heute haben wir einen Bundesfinanzminister, der das Wort Systeme so ausspricht, dass es wie „Süschtäme" klingt.

*

Bei Erkältungen und anderen Beeinträchtigungen des Stimmapparats: hohe Stimmlage – weich und leicht, ohne jeden Druck sprechen – übersorgfältige Artikulation.

*

Vortrag des Präsidenten eines Bundesligavereins. Sehr leise, sehr monoton, sehr schwache Konsonanten. Im Schlussteil waren die meisten Zuhörer so gelangweilt, dass sie sich ungeniert mit ihrem Nachbarn unterhielten. In der örtlichen Presse galt dieser Langweiler als großer Rhetoriker.

*

Berühmter Satz eines modernen Philosophen: „Worüber man nicht reden kann, darüber muss man schweigen." Aber: Wer kann schon schweigen?

*

Man darf bei Tonaufnahmen die Atmung nicht hören. Aber wer atmet schon richtig?

*

Auch eine rhetorische Berühmtheit: die Transrapidrede des bayerischen Politikers, gespickt mit viel „äh" und einem herrlich blödsinnigen, ganz verworrenen Satzbau. Gehört in jede Sammlung bedeutender Reden.

*

Bundeskanzler Kiesinger schaute immer sehr lehrerhaft drein, was ihn nicht sympathischer machte.

*

Morgenandacht in einer kleinen Seitenkapelle. Der Pastor spricht, trotz günstiger Akustik, die ganze Zeit mit dröhnend lauter Stimme. Die Andacht geht zum Teufel.

*

Gedächtnis. Viele Firmentrainings habe ich längst vergessen. Plötzlich aber erinnere ich mich genau an einen eindrucksvollen Vortrag über alkoholfreies Bier.

*

Cicero fordert von dem idealen Redner nicht nur Fähigkeiten des Vortrags, sondern auch eine umfassende Allgemeinbildung. Je belesener jemand ist, desto leichter fallen ihm die Worte zu.

*

Die berühmte Feministin wirkt stets sehr verbissen. Das wirkt sich ungünstig auf den Sprechton aus.

*

Wörter mit der Endung -ig werden mit weichem ch gesprochen, dagegen -ieg härter, wie gk. Früher war häufiger „Siech Heil" zu hören. In Bayern hat man heute noch einen „Königk".

*

Das rollende linguale r ist in Deutschland so gut wie ausgestorben. Hört man ein kräftigeres r, so schließt man auf eine ausländische Herkunft.

*

Aus einem Hörsaal in Marburg: „Ich komme damit zum Ende meines Satzes …"

*

Ziel der Rhetorik: den Zuhörer zu etwas Bestimmtem zu überreden. Bei dem Versuch, Gold künstlich herzustellen, hat man immerhin das Porzellan gefunden.

*

Wer heute Reden gegen die deutsche Unterstützung schwächelnder Euroländer halten will, findet in den politischen Debatten von 1919 über den Versailler Vertrag viele stilistische Anregungen.

7. Februar 2012

Redekunst beruht auf Technik, aber auch auf der Kreativität des Unterbewusstseins. Manches kann nicht gelehrt und gelernt werden.

*

Stimmt das, was er sagt?

*

Muskelentspannung. In einem verkrampften Körper entsteht kein entspannter Sprechvortrag. Eine zerfurchte Stirn, ein verbissener Kiefer, ein harter Bauch – alles falsch.

*

Statt „wunderbar" sagte der Fernsehmoderator „wunnebar". Immer.

*

Jeder Mensch hat in seiner Hochsprache Spuren von Dialekt.

*

In der Schweiz gibt es eine Partei, die Power-Point-Präsentationen verbieten will.
*

Schauspielerische Einprägung des Textes. 10, 20, 30 Mal laut lesen. Er wird dem Mundwerk gewissermaßen einprogrammiert.

*

Resultate unseres Schulunterrichts: „Ich hasse Gedichte." – „Ich kann nicht singen."

*

Maß und Mitte. Wir hatten einen Schulleiter, der stets mit mürrischer Miene herumlief und so brüllte, dass alle eingeschüchtert waren. Über viele Lehrer von heute („Hallo, ich bin der Walter") wird dagegen nur gelacht.

*

Intolerante Bundestagsabgeordnete verweigerten ihre Anwesenheit bei der Rede des Papstes mit einem Hinweis auf dessen mangelnde Toleranz.

*

Erfahrungen eines Rhetoriktrainers: Unmöglich, die vielen Deutschfehler zu korrigieren. Manche unterlaufen mir selbst.
Von Mark Twain stammt der Witz: You can learn English in three months, French in three years, German – never.

*

Man hört sich nicht richtig. Vom eigenen Tempo, den Pausenlängen, dem Stimmeinsatz hat der Sprechende keine Ahnung. Meine Aufnahmen im Tonstudio überraschen mich – nicht immer angenehm.

*

Nach dem ersten Kind klingen Frauenstimmen voller.

*

Die sogenannte Entmythologisierung der göttlichen Taten war zugleich auch eine des göttlichen Wortes. Die Gotteskraft, die bei Meister Eckehart, Savonarola, Luther aufscheint, ist in den modernen Predigten verschwunden. Aus Religion ist Politik, Philosophie, Psychologie geworden.

*

„Verbreitet ist in der Schweiz der wahrhaft groteske Irrtum, man müsse nach Berlin gehen, um richtig Deutsch zu lernen!" – Aber wohin?

*

„Ich kann deine Fresse nicht mehr sehen." – Parlamentarischer Umgangston in einer großen christlichen Partei.

*

Übungen mit dem n-Laut sind gut geeignet, kleine Stimmen zu vergrößern.

*

Tonaufnahmen. Dass Lenin ein großer Redner war, bezweifle ich. Auch wenn ich kein Russisch kann.

*

Zeitungsbericht über einen Rhetoriktrainer. Ein Foto zeigt ihn mit Mikrofon. Werblich besser wäre ein Foto ohne Mikrofon in einem großen Saal, das auf diese Weise „Stimme zeigt".

13. Februar 2012

Um Zeit für die richtigen Worte zu gewinnen, empfiehlt sich die Phrase: „Es fällt mir nicht leicht, die richtigen Worte zu finden." Dazu sollte man ein nachdenkliches Gesicht zeigen.

*

Rhetorische Wirkung beruht auf Zustimmung. Was der Zuhörer ablehnt, wirkt nicht. Wer unbedingt eines Besseren belehren will, muss einleuchtend zeigen, dass es das Bessere des Zuhörers ist.

*

Auf eine rhetorische Frage erwartet man keine Antwort. Sie ist in freier Rede nützlich, um Zeit zu gewinnen. Deshalb kann man auch mehrere rhetorische Fragen stellen. Nach Fragen kann und sollte man längere Spannungspausen einsetzen: den Zuhörern nicht gleich neuen Stoff geben, sondern sie selbst erst einmal denken lassen.

*

Das Mitreden über Themen, von denen man nichts versteht, gehört zum Handwerkszeug des Politikers. Bundeskanzler Brandt warf gelegentlich Millionen und Milliarden durcheinander.

*

Linguisten der Universität Lyon haben herausgefunden, dass Spanier, Franzosen und Japaner schneller sprechen als Deutsche und Chinesen. Für den gleichen Inhalt brauchen die Schnellsprecher aber eine größere Textmenge. Je schneller eine Sprache gesprochen wird, desto weniger Information transportiert sie. Deutsch ist besonders langsam, aber unschlagbar effizient.

*

Was der Mensch Peter über den Menschen Paul sagt, sagt mehr über Peter aus als über Paul. Die Ergebnisse von Klassenarbeiten sagen manchmal mehr über die Qualität des Lehrervortrags als das Können der Schüler aus.

*

Sportreportage. Im Kraulschwimmen ringt eine Außenseiterin das höher eingeschätzte Spitzentrio nieder. Die Stimme des Sprechers, zu Beginn in tiefer Lage, steigt emotional bewegt in die höchste Höhe. Der Zuhörer ist nun ebenfalls bewegt. Nicht durch das Drama im Wasser, sondern durch das der Stimme.

14. Februar 2012

„Ich hasse eure Feste, ich verabscheue sie / und kann eure Feiern nicht riechen."
„Weg mit dem Lärm deiner Lieder! / Dein Harfenspiel will ich nicht hören"
(Amos 5, 21 und 23)

*

Sprachliche Mitteilungen haben nur dann einen Sinn, wenn sie auf einen bestimmten Sachverhalt hinweisen. Wenn diese Annahme richtig ist, ist die sogenannte Körpersprache sinn-los. Ein verzogenes Gesicht kann Unwillen über die Ausführungen des Redners ausdrücken, aber auch Zahnschmerzen. Verschränkte Arme mögen eine abwehrende Haltung anzeigen, manchen ist es nur zu kalt im Raum.
Übrigens haben sich die körpersprachlichen „Weisheiten" längst herumgesprochen. Über die einstudierte Handhaltung der Bundeskanzlerin lachen schon die Schulkinder.

*

Als Erfinder der sogenannten Körpersprache wird oft ein Pantomime genannt (eine Wiener Hochschule hat diesen bedeutenden Kopf als Professor berufen).

Zwei Generationen vor ihm hat bereits Hitler seine Mimik, Gestik und Körperhaltung genau einstudiert; als Unterlage dienten ihm Bildserien seines Leibfotografen Hoffmann. Der zum Himmel gerichtete Blick (natürlich stahlhart), die zum Herzen geführte Hand, die wuchtigen Gesten – alles nur Theater.

*

Der Pantomime schweigt, drückt alles mit dem Körper aus. Der Redner stützt sich auf das Wort. Allerdings ist das Sprechen – auch – eine körperliche Leistung. Deshalb muss der Körper „eingerichtet" werden: eine mittlere Muskelspannung zwischen schlaff und verhärtet, ein fester Stand, eine gute Aufrichtung, ein entspanntes Gesicht (Falten auf der Stirn sind fehlerhaft). Die Hände sprechen mit, können aber auch pausieren. Wer es ernst meint, sollte keine Mätzchen machen.

*

Eine nachhaltige rhetorische Wirkung entsteht, wenn Urbedürfnisse angesprochen werden. Frieden, Entspannung, Aussöhnung – mit diesen Schlagworten punktete die sozialliberale Koalition in den siebziger Jahren bei Menschen, die die Schrecken der Kriegs- und Nachkriegszeit erlebt hatten. Dass Aussöhnung mit kommunistischen Regimes unmöglich war, spielte keine Rolle. Die Ostverträge waren dürftig, aber die Formulierung „Wer sich vertragen will, muss Verträge schließen" kam bei Teilen des Publikums gut an.

*

Sprechkultur in der Oper. Mozarts „Zauberflöte" unter Karl Böhm auf CD. Der Sprechtext ist nicht von den Sängern selbst, sondern von Schauspielern (die im Beiheft nicht genannt werden). Es wird so schnell gesprochen, als ob die Gewerkschaft eine Arbeitszeitverkürzung durchgesetzt hätte. Die Darbietung ist ohne Mitlesen kaum aufzunehmen.
Dagegen eine französische Aufnahme von Offenbachs „Les contes d'Hoffmann" unter Richard Bonynge: behagliche Tempi, wohltönende Stimmen, großartige Präsenz der Sänger, die natürlich auch den Sprechtext besorgen.
Frankreich, du hast es besser.

*

Nach altmodischen Vorstellungen ist es selbstverständlich, dass einer auch tut, was er sagt. Heute gilt oft: Der redet nur!

*

Ein Trost für Nervöse. Viele große Stars und Könner sind auch nach Jahrzehnten auf der Bühne immer noch aufgeregt. Placido Domingo gestand zu seinem siebzigsten Geburtstag, er habe vor jeder Premiere Lampenfieber.

*

Ob Steinbrück immer schlechte Laune hat? Große Geister leiden sehr unter der Mittelmäßigkeit ihrer Umgebung.

*

Manche Politiker glauben felsenfest an den Satz „You can fool all people for all time."

*

Aus Friedrich Nietzsches Vorlesung „Geschichte der griechischen Beredsamkeit":
– „Um nichts haben sich die Griechen eine solche unablässige Mühe gegeben wie um Beredsamkeit, hier ist eine Energie verwendet, deren Symbol etwa die Selbsterziehung des Demosthenes sein mag ..."
– „Im Redenkönnen konzentriert sich allmählich das Hellenische und seine Macht, es wird wohl auch ihr Verhängnis darin liegen. Diodor sagt in seiner Einleitung dies sehr naiv: ‚Einen höheren Vorzug als die Rede wird nicht leicht jemand nennen können. Denn dadurch stehen die Griechen über den andern Völkern und Gebildete über den Ungebildeten; zudem ist es dadurch allein möglich, dass einer über viele die Herrschaft gewinnt; überhaupt aber erscheint jedes Ding nur so, wie es die Macht des Redners darstellt.'"
– „Im Grunde ist jetzt noch in der höheren ‚klassischen' Erziehung ein guter Teil dieser antiken Auffassung erhalten: nur dass nicht mehr die mündliche Rede, sondern mehr das abgeblasste Bild derselben, das Schreibenkönnen, als Ziel hervortritt."

*

„Ich sehe und höre mich nicht gern", erzählte mir eine erfahrene Filmschauspielerin. Es geht um den Konflikt zwischen naiver Grazie und Bewusstheit, den Heinrich von Kleist in „Über das Marionettentheater" erörtert: Ein Tänzer, der sich im Spiegel beobachtet, wird in seinen Bewegungen unsicher und verliert seine Anmut.
Rhetoriktraining – natürlich ohne Kamera.

15. Februar 2012

Alle Kunst ist tonisch, die Kraft mehrend, das Hässliche dagegen mindert die Kraft. Eine Einsicht Nietzsches. Nach einer guten Rede sollten sich die Zuhörer besser fühlen.

*

„Beten ist nicht sich selbst reden hören, sondern schweigen, fortfahren zu schweigen und warten, bis der Betende Gott hört." (Kierkegaard) Der erfolgreiche Redner muss ein guter Zuhörer sein. Er sollte ein ausgeprägtes Gespür für alles haben, was in den Zuhörern vorgeht, wie eine Situation beschaffen ist. Vielleicht passt die vorbereitete Rede nicht mehr, weil die Umstände sich verändert haben. Oder die Einleitung oder der Schluss muss geändert werden. Auf die Geistesgegenwart kommt es an.

*

„Ich habe schon des Öfteren festgestellt, dass es einen Tonfall gibt, der bereits als solcher unhöflich ist; ein Gesangslehrer würde ihn daher erklären, dass die Kehle zugeschnürt ist und Schultern verkrampft sind." (Alain)

*

Nervosität und Anspannung treiben die Stimme in die Höhe. Ich erinnere mich an einen Schüler mit hoher, dünner Stimme, der sich nach einiger Zeit endlich entspannte. Die Stimme fiel in die Tiefe, es war fast eine Oktave.

*

„Langsam geht's schneller – die meisten Leute, ungeduldig wie sie sind, glauben nur gegenteilig: was schnell getan wird, ist bald fertig. Es ist aber bloß vermurkst und verpfuscht, und man muss wohl von vorn beginnen: Die Hektik potenziert sich." (Herbert Eisenreich)

*

Eine Führungskraft nach meinem Vortrag über Rhetorik: „Das habe ich alles schon gehört!" Schade, dass er es nicht beherrscht.

*

Nicht Rhetorik, sondern Propaganda seien Hitlers Reden gewesen, hat ein Professor geschrieben. Rhetorik als gute Sache, Propaganda als schlechte. Nicht einmal Gott hat das Wort exklusiv für sich, das hatte er nur am Anfang. Schon bald hat es der Teufel ergriffen. Gauner und Weise bedienen sich der Rhetorik.

*

Die Allgegenwart der Mikrofone hat viel zum Untergang der Sprechkunst beigetragen.

*

In unserem Deutschunterricht war eine Wochenstunde dem Gedichtvortrag gewidmet – stehend und auswendig. „Der Schneiderjunge von Krippstedt" von August Kopisch hat mir einmal eine Eins eingebracht.

*

Beschwörende Formeln. Der heilige Franziskus hat einmal eine ganze Nacht lang ausgerufen: Mein Gott, mein alles.

*

Bevor Meister Eckehart seine ganz eigenständigen religiösen Gedanken vortrug, begann er mit Redewendungen wie „Wir lesen im heiligen Evangelium". Auch der originellste Kopf muss Zugeständnisse machen.

*

Mieux vaut penser que dire. Es ist besser zu denken als zu reden.

*

In einer politischen Debatte kann man Argumente des Gegners mit besseren bekämpfen. Es ist aber auch möglich, persönliche Beschimpfungen auszuteilen. Guttenberg d. Ä. fing sich im Bundestag u. a. „Schafskopf", „Scharfmacher", „unanständiger Mensch" ein.
Auch Helmut Schmidt hat auf diesem Gebiet Bedeutsames geleistet und sich den Ehrennamen „Schmidt-Schnauze" erworben.

16. Februar 2012

Als die Universität München den 800. Studenten immatrikulierte, protestierte Professor Görres mit einer Petition an König Ludwig I. Heute werden Vorlesungen per Video in den Nachbarhörsaal übertragen. Das Ende der Kommunikation.

*

Zur rhetorischen Schwäche vieler Akademiker trägt auch bei, dass in vielen Fächern nur noch schriftlich geprüft wird. Ich habe Absolventen erlebt, die nicht in der Lage waren, drei zusammenhängende Sätze vor einer Gruppe zu sprechen.
An den alten Universitäten gingen dem Fachstudium sprachliche und sprecherische Ausbildung voraus: Rhetorik, Dialektik, Grammatik. Es klingt wie eine Sage ...

*

Mit abgrenzenden Pausen kann man einem Wort eine feine ironische Bedeutung geben. In einem alten Fernsehfilm fragt ein Geschichtsprofessor einen nicht gerade hervorragenden Studenten: „Sind denn Ihre – Leistungen – in der Publizistik besser?"

*

„Wer reitet so spät durch Nacht und Wind?" Jetzt muss eine gehörige Pause gesetzt werden, sonst entsteht keine Spannung. Dann erst: „Es ist der Vater mit seinem Kind."

*

Der Atem beflügelt nicht nur die Stimme des Redners, sondern auch seinen Geist. Der Atem „ist" der Geist. In alten Sprachen steht *ein* Wort für Wind, Atem, Geist, Gottes Geist: Atman, Pneuma, Spiritus. Auch für Lebenskraft, charismatische und ekstatische Gaben stehen diese Begriffe.
Friedrich Hölderlin hat von diesen Geheimnissen Kenntnis gehabt:
– „O Schwester des Geistes, der feurigmächtig in uns waltet und lebt, heilige Luft!"
– „Allen drang die mütterliche Luft an's Herz, und hob sie und zog sie zu sich."
– „...all dies war die Sprache Eines Wohlseins, alles Eine Antwort auf die Liebkosungen der entzückenden Lüfte." (Hyperion)

*

Pierre Bertaux schreibt über Hölderlin: „Im Wandern erlebt er die Welt als immergegenwärtiges Göttliches, nicht nur durch die Betrachtung der Landschaft, sondern auch ebenso sehr durch die aktive, physische Beteiligung des Laufens, des Atmens, des Herzschlags." Die Pastöre verfassen ihre Predigten im Sitzen.

*

Nietzsche traute keinem Gedanken, der im Sitzen entstanden ist.

*

Wird in einem Wirtschaftsbetrieb ein Sachbearbeiter gesucht, werden seine Sach- und Fachkenntnisse überprüft. Geht es dagegen um einen Vorstandsposten, gelten andere Kriterien. Kenntnisse über Herstellung und Vertrieb der hauseigenen Produkte sind nicht gefragt. Man muss stattdessen in der Lage sein, sich mit bedeutsamer Miene zu präsentieren und mit gewichtigen Worten zu jonglieren: „Umstrukturierung", „strategische Neuorientierung", „Diversifizierung", „Kostensenkungsprogramm", „Erschließung neuer Marktsegmente". Schelskys ganz anders gemeinter Buchtitel „Die Arbeit machen die anderen" passt da gut.

*

Ein meisterhafter Sprecher: Herbert Zimmermann, der das Endspiel der Fußballweltmeisterschaft 1954 im Radio kommentiert hat. Starke emotionale Präsenz, präzise Artikulation, dynamische Tempowechsel, weiter Stimmbogen, eindrucksvolle Bildhaftigkeit der Schilderung – er wurde nie wieder erreicht.

*

Eine meisterhafte Schauspielerin: Agnes Windeck, zu sehen in der Fernsehserie „Die Unverbesserlichen" (auf DVD erhältlich). Was die in Bezug auf Artikulation und Stimmführung konnte, wie die mit den Worten spielte!

*

Viele Jurastudenten lernen ihren Examensstoff gegen Bezahlung beim Repetitor, weil die Lehrveranstaltungen der Universität diese Aufgabe nicht erfüllen. Eine meiner besten Trainingsgruppen waren Repetitoren. Die verstanden es, einen klaren Sachvortrag mit erstklassiger Unterhaltung zu verbinden. Das kann man von einem Professor natürlich nicht verlangen.

*

Ich lasse im Training gern Texte vortragen – auch Märchen. Das Rotkäppchen gelingt immer, aber nur selten der Wolf.

*

By heart. Unser Englischlehrer ließ häufig Gedichte und Lieder auswendig lernen. Auch freie Rede und Predigt sollte vom Herzen kommen.

*

Lange bevor in Griechenland und Rom die Rhetorik sich entwickelte, verkündeten die Propheten Israels des Wort Gottes. Hier sprachen keine Individuen im modernen Sinn, sondern Boten und Werkzeuge einer höheren Macht.

*

Psychologie der Töne. Hochstimmung, Freude, Begeisterung drücken sich in hohen Tönen aus, Ernst, Trauer, Niedergeschlagenheit in tiefen. Eine tiefe Stimmlage passt nicht zu „Herzlich willkommen, ich freue mich …"

*

Konrad Adenauer und Franz Josef Strauß waren volkstümliche Redner. Dazu gehörte auch der Dialekt. Heute haben wir eine prima Demokratie, aber keine volkstümlichen Politiker.

*

Lichtenberg konnte kein Instrument spielen, aber sehr gut pfeifen. Die Liebe zur Musik beflügelt das Wort.

18. Februar 2012

Es sei Auftrag der Rhetorik, schreibt der Professor, „Seelenführung im Horizont der Vernunft zu betreiben". Nur: Was ist vernünftig? Und: Wer ist vernünftig? Bei allen großen Fragen, die die Welt bewegen, erleben wir, dass sich mehrere Ansichten gegenüberstehen. Auch Professoren vertreten Gegensätzliches, und der eine hält den anderen für einen Idioten.

Rhetorik im Dienste der Vernunft, das wäre eine schöne Sache. Wer möchte das nicht? Realistischer ist die vom Professor als Irrtum zurückgewiesene Rolle als „eine praktikable Anweisung zum erfolgreichen Reden."

19. Februar 2012

„Denn diese Leute sind Lügenapostel, unehrliche Arbeiter; sie tarnen sich freilich als Apostel Christi. Kein Wunder, denn auch der Satan tarnt sich als Engel des Lichts. Es ist also nicht erstaunlich, wenn sich auch seine Handlanger als Diener der Gerechtigkeit tarnen." (2 Korinther 11, 13–15)

*

Viele Vorträge sind schlecht gegliedert.

*

Demagogie heute. Wenn auch der, der keinen Cent besitzt, nach Meinung einer amerikanischen Regierung ein eigenes Haus erwerben soll.

*

Die Welt ist komplizierter geworden! Für die „schwierigen Finanzprobleme" gilt der einfache Satz, dass man nicht mehr ausgeben als einnehmen kann.

*

Jede an sich sinnvolle Erfindung hat Schattenseiten. Man spricht nicht mehr mit dem Kollegen aus dem Nebenzimmer, sondern verkehrt per E-Mail.

*

Aufmerksamkeit gewinnen. Eine Kette von Wörtern sehr schnell vortragen, dann schroff, mitten im Satz abbrechen und lange in der Pause verweilen.

*

Sparsam mit dem Forte umgehen. Ein Wort – nur eines! – im Donnerton, dann die Stimme schon wieder zurücknehmen.

*

Das sollte der Redner vom Schauspieler lernen: Seinen Geist gezielt in die oder die Stimmung versetzen. Eine bekannte Schauspielerin konnte nach Belieben in Tränen ausbrechen.

*

Beerdigung. Die evangelische Pastorin liest ihre Ansprache aus einem Buch ab. Kein Bezug zur Person des Verstorbenen.

*

Deutsche Politiker der Kriegsgeneration kannten noch den kräftigen nationalen Ton: „Wir Deutschen haben zwar den Krieg, aber nicht den Verstand verloren." (Franz Josef Strauß)

*

Der Mensch von heute weiß schon alles. Wer eine Lösung für die großen Fragen der Zeit sucht, braucht nur seinen Friseur oder einen Taxifahrer zu fragen.

*

Aus der großen klassischen Musik können wir unendlich viele Anregungen gewinnen – vorausgesetzt dass sie richtig gespielt wird. Die 9. Sinfonie von Beethoven kann furchtbar langweilig sein. Wenn Furtwängler dirigiert, ist sie wie mit Elektrizität geladen!

*

Ich liebe meine Zuhörer. Wichtiger Elementarsatz des Rednerhandbuchs.

*

Rhetorik ist eine Wirkungslehre, aber diese Wirkung muss nicht immer Zustimmung sein. Der große Redner kann auch der „einsame Rufer in der Wüste" sein.

*

Manche Ausländer haben nicht verstanden, dass die deutsche Sprache kurze und lange Silben hat. Polen sind keine Pollen. Unsere Sprachlehrer!

*

Viele Menschen sprechen in einer ungünstigen Stimmlage. Dünne Höhen, knarzende Tiefen.

*

Auf eine gute Mischung von Ruhe und Bewegung kommt es an.

*

Wer weiß nach dem Gottesdienst noch, welcher Bibeltext vorgelesen wurde?

*

Der Mensch von heute spricht. Zu schnell, pausen- und atemlos.

*

Kraft des Wortes. „Gott sprach: Es werde Licht. Und es wurde Licht." (Gen 1,3)

*

Freie Rede sollte so gut gestaltet werden wie eine gute Theateraufführung. Und der Schauspieler muss seinen Text so verlebendigen, dass er wie freie Rede klingt.

*

Stimmhebung – die Spannung wird gehalten. Stimmsenkung – die Spannung wird gelöst, und eine wohltuende Pause setzt ein.

*

Gottesdienst mit Mikrofon. Aus den Lautsprechern kommt Verständliches, schwer Verständliches, auch manches Unverständliche.

*

Eine ganz neue Idee: Fernsehregisseure kümmern sich um die Qualität des Sprechens.

*

Einem Redner, der gute Laune verbreitet, wird man gern auch noch anderes abnehmen.

*

Abwechslung erfreut. Die bedächtige Ruhe mancher Pastöre ist rhetorisch nicht wirkungsvoller als das schnelle Drauflosreden. Auf das wechselnde Tempo kommt es an.

*

Die geschriebenen Predigten klingen nicht.

*

Den Gebrauch mancher Wörter sollte man in öffentlicher Rede unbedingt vermeiden. Auch bestimmte, eigentlich unzweifelhafte Tatsachen führt man besser nicht an.

*

Jean-Louis Barrault schreibt über die umfangreiche Körperausbildung des Bühnenschauspielers: „Drei Wochen lang übten wir nichts als Gehen …"

*

Der gute Redner braucht einen großen Vorrat von musikalischen Ideen. Mir geht Siegfrieds Schmiedelied durch den Kopf, wie Ludwig Suthaus es in der Furtwängleraufnahme von 1953 singt.

20. Februar 2012

Unzählige Male hat er auf die Frau eingestochen und sie dann aus dem Fenster geworfen. Die Verteidigerin tritt vor die Kamera und spricht ungerührt von der „Notwehr" ihres Mandanten. Der Teufel empfiehlt in solchen Fällen eine elegantere Argumentationslinie: eine schlimme Jugend – eine schwierige persönliche Situation – ein Gefühl der Bedrohung – das Ganze führt zu einem „Affektsturm", den der Täter zutiefst bedauert.

*

Der Pastor berichtet in seiner Predigt vom Besuch seines Bischofs. Der hat seine Sammlung geistlicher Musik auf CD durchgesehen und eine Beschäftigung mit den Sinfonien Anton Bruckners angeregt. Die könnte auch seine Predigten befruchten, denn die Seele hat eine akustische Natur (Novalis).

*

Eine besonders misslungene Sprechaufnahme: Heidegger liest Hölderlin. Dem hochgelehrten Mann ist entgangen, dass Hölderlin unzählige Male vom „Sänger" und „Gesang" spricht, und liest alles dröge herunter.

*

Gäbe man jedem Besucher am Theatereingang sechs Ohrfeigen, würde alle Welt über diesen neuartigen Inszenierungsstil diskutieren.

21. Februar 2012

Zeitungsmeldung. Der Deutsche Lehrerverband hat die Politik aufgefordert, den Deutschunterricht an den Schulen zu stärken: „Keine andere Nation geht schulisch so gleichgültig mit der eigenen Muttersprache um wie die deutsche."

22. Februar 2012

Rhetorik und Logik. Der Ordensmann mit modern gesträhnten Haaren und ebenso moderner Brille erklärt in seiner Predigt, die Aussage eines deutschen Kardinals sei „unsäglich". Was ausgesagt worden ist, kann nicht unsäglich sein.

*

Geistesgegenwart. Dass auch polnische Gäste unter seinen Zuhörern waren, war dem würdigen älteren Herrn entgangen, als er mit kräftigen Worten über die „polnische Wirtschaft" sprach. Endlich gelang es, ihn auf die Situation aufmerksam zu machen. Blitzschnell setzte er ein strahlendes Gesicht auf, sprach die soeben entdeckten Gäste besonders liebenswürdig an und hielt einen Monolog über die großartigen Leistungen polnischer Kunstrestauratoren.

*

Merke: Wenn irgendetwas schiefläuft, wenn dir der Faden reißt, wenn du dich bei etwas Unrichtigem ertappst – immer cool bleiben.

*

„e" und „ä" werden oft verwechselt.

*

In meinem ersten Firmentraining hatte ich einen handfesten Krach mit einer Aussiedlerin aus Oberschlesien, als ich sie zum Gebrauch der Umlaute „ä", „ö" und „ü" anhielt: „Das hat mir in über fünf Jahren in Deutschland noch niemand gesagt!"

*

Mich hört jemand singen oder summen und meint, ich täte das, weil ich gut gestimmt wäre. Es ist umgekehrt: mit dem Singen stimme ich mich gut ein.

*

Der Inder (oder Europäer), der sein Om spricht/singt, versetzt den Körper in eine Schwingung, in der er sein Heil erlebt. Auch in russischen Liturgien leben die heilenden Schwingungen/Stimmen.

23. Februar 2012

Ein Lutheraner von altem Schrot und Korn war der baden-württembergische Kultusminister Wilhelm Hahn. Er, der auch in der Nazizeit seinen Mann gestanden hatte, war einer der wenigen Professoren, die im Hexenkessel der studentischen Vollversammlungen und Teach-ins von 1968 auftraten. Einmal ist er auf einen Tisch gestiegen und hat seine Stimme aus einer mitgebrachten Bierflasche angefeuchtet.

*

Ein großer Moment öffentlicher Rede. Der sozialdemokratische Reichstagsabgeordnete Wels sprach 1933 als Einziger gegen das Ermächtigungsgesetz.

*

Kein Blatt vor dem Mund. Kardinal von Galen ist nicht nur gegen die Nazis aufgestanden, sondern hat auch harte und härteste Worte gegen die britische

Besatzungsmacht gesprochen. Das passt schlecht in unsere amtliche Befreiungshistorie, er bekommt kein Denkmal.

*

Gutes Sprechen und Schreiben setzen Ruhe voraus. Es wäre deshalb wünschenswert, wenn Presseartikel erst nach drei Tagen gründlichen Nachdenkens in Druck gingen.

*

„Im Anfang war die Presse, und dann schuf Gott die Welt." (Karl Kraus)

*

Der kürzlich verstorbene sozialdemokratische Bundesminister Hans Apel war ein Meister flapsiger Bemerkungen. Die Aufforderung, ein Förderabonnement der Parteizeitung „Vorwärts" für einen Strafgefangenen zu übernehmen, lehnte er mit der Begründung ab, er sei für einen humanen Strafvollzug.

*

Die Wirkung der Bergpredigt. Als Jesus diese Rede beendet hatte, war die Menge sehr betroffen von seiner Lehre: denn er lehrte sie wie einer, der Vollmacht hat, und nicht wie ihre Schriftgelehrten. (Matthäus 7,28 f.)

*

Gebt also acht, dass ihr richtig zuhört! (Lukas 8, 18)

24. Februar 2012

Dem Sozialdemokraten Horst Ehmke ist geraten worden, er solle in der Partei mit seiner professoralen Ironie aufhören. Die Genossen wüssten oft nicht, ob er etwas im Scherz sage oder es ernst meine. Das koste Vertrauen.

*

„Ich zeigte Helmut Schmidt meinen Redetext. Er gab eine Reihe sachlicher Anregungen und riet mir dann: ‚Schreib auf jede Seite in großen Buchstaben LANGSAM. Wenn du in Fahrt kommst, sprichst du zu schnell, gerätst in eine zu hohe Tonlage und verschluckst die Endsilben.'"

25. Februar 2012

„Brandt und den Frieden wählen" war der Slogan einer Wählerinitiative zur Bundestagswahl 1972 – ein Beispiel für höchstes sprachliches Niveau. Könnte fast von Heinrich Böll sein.

*

Der Besserwisser wird abgelehnt, auch wenn er es tatsächlich besser weiß. In einer Zeit, in der jeder schon Bescheid weiß und über alles mitredet, empfiehlt sich das Understatement als Strategie des Redners: Ich bin einer von euch. Unnachahmlich, wie Brandt über „die Menschen im Lande" sprach.

26. Februar 2012

Routine ist dem Redner zugleich Hilfe und Gefahr. Die Erfahrung, es schon erprobt zu haben, ist nützlich und beruhigend. Aber es droht ein Verlust an Frische und Spannung. Immer wieder von vorn anfangen – wie der schöpferische Schauspieler.

*

Im Physikunterricht hatte ich einmal ein Referat über die „Wellennatur der Materie" zu halten. Ob die Physiker genauer Auskunft geben könnten? Vielleicht muss der menschliche Körper beim Singen/Sprechen in einer bestimmten „Frequenz" schwingen, um in Stimmung, in Geist überzugehen?

*

Ein Rhetoriktrainer hat einen – mutmaßlich sinnvollen – Aufruf zur Verbesserung der Sprecherziehung der Schüler an die 16 Kultusministerien verschickt. Zwei haben den Empfang bestätigt, 14 überhaupt nicht reagiert.

*

Der großartige Film „Der dritte Mann" ist zweimal deutsch synchronisiert worden. Wer sich für Sprech- und Stimmkultur interessiert, wird den Vergleich aufschlussreich finden.

*

Aus sicherer Quelle. Der Sprechtrainer eines bekannten Politikers hat eines Tages resigniert. Gegen die Sauferei komme er nicht an.

*

Bundeswirtschaftsminister und Kanzler Ludwig Erhard konnte als Redner mit marktwirtschaftlichen Prinzipien noch populär werden. Heute kann man als Vertreter eines finanziell ruinierten Bundeslandes mit einer Hanswurstiade, man sei „arm, aber sexy", Wahlen gewinnen.

*

Kohl, dessen Stärke kaum in der öffentlichen Rede lag, soll kleinere Kreise mit großer Autorität beherrscht und intellektuell gewichtiger eingeschätzten Widersachern weit überlegen gewesen sein. Erhard, im engeren Kreise als gehemmt geltend, entfaltete dagegen vor größeren Menschenmassen eine Beredsamkeit, die nach dem Urteil seines Beraters Johannes Gross in Deutschland selten erlebt worden ist.

*

Sokrates und Jesus. Wer die Wahrheit spricht, lebt gefährlich.

27. Februar 2012

Wenn immer wieder von der starken Zunahme psychischer Erkrankungen, von Depressionen, von Burn-out berichtet wird, fällt mir Novalis ein: Jede Krankheit ist ein musikalisches Problem. Lässt sich das Problem nicht tönend – singend/sprechend – lösen?

*

„Als Redner überzeugte er nicht. Die Menge ahnte, er zweifele, und das verzieh sie ihm nicht. Sie vermissten bei Keetenheuves Auftritt das Schauspiel des Fanatikers, die echte oder gemimte Wut, das berechnete Toben, den Schaum vor dem Maul des Redners, die gewohnte patriotische Schmiere, die sie kannten und immer wieder haben wollten. Konnte Keetenheuve ein Protagonist des Parteioptimismus sein, konnte er die Kohlköpfe im abgesteckten Beet der Parteilinie nach der Sonne des Programms ausrichten? Phrasen sprangen vielen wie quakende Frösche vom Mund; aber Keetenheuve grauste es vor Fröschen." (Wolfgang Koeppen. Das Treibhaus)

*

„Seine Sprache ist deutlich akzentuiert und auf Wirkung berechnet. Sie donnert in höchster Lautstärke, wenn er dem Angeklagten seine Argumente oder Anschuldigungen entgegenschleudert. Sie senkt sich, wenn er mit scharfer Betonung und wohl überlegten Pausen eine seiner ironischen oder sarkastischen Zwischenfragen stellt. Sie soll den Angeklagten zerschmettern und das Publikum beeindrucken." (Ein zeitgenössischer Beobachter über den furchtbaren Freisler, vom Volksmund „der rasende Roland" genannt)

28. Februar 2012

Gehirngerecht sprechen. Ich kann anspruchsvollen Stoff nur bei gemäßigtem Tempo, mit gliedernden Pausen und in überschaubarem Satzbau aufnehmen. Für den Redner empfiehlt sich: Immer so sprechen, als ob man – trotz guter Vorbereitung – den Gedanken gerade im Moment findet – und ausspricht. Die Zeit, die der Sprechende so zur Produktion des Gedankens braucht, ist ziemlich genau die, die der Zuhörende zur Verarbeitung und Einprägung benötigt.

*

Verstand und Gefühl einsetzen, aus beiden Gehirnhälften schöpfen, um Ratio und Emotionen des Zuhörers anzusprechen, um den „ganzen Menschen" zu erreichen.

*

Mein Lieblingspastor hat seine letzte Predigt ausgelegt, sie ist indiskutabel. Eine Predigt steht immer in einem Spannungsfeld. Einerseits soll sie verständlich sein („Dem Volk aufs Maul schauen"), andererseits erfordert die Rede von Gott einen großen, erhabenen Stil. Im heutigen Predigtstil waltet kleinbürgerliche Gemütlichkeit vor. Es gibt nichts Begeisterndes, nichts Mitreißendes, nichts Kämpferisches. Für eine Predigt Meister Eckeharts oder Savonarolas hat man in heutigen Pastorenkreisen wohl nur ein feines Schmunzeln über.

29. Februar 2012

Ist früher besser gepredigt worden als heute? Professor Helmut Thielicke schreibt: „Wenn ich in meinen Vorlesungen über die Theologiegeschichte die Aufklärung behandelte, machte es mir immer wieder ein christliches Vergnügen, meinen Hörern Musterbeispiele aus aufklärerischen Predigten vorzuführen. Die hohen geistlichen Herren sprachen damals über viele Dinge, aber kaum über das Wort Gottes. Sie sprachen über die Vorzüge reiner Luft, über Nöte mit dem

Vieh und der Landwirtschaft überhaupt und über viele Kapitel der Lebenskunst. Hätte es nur die Predigt gegeben, so wäre das Christentum wohl totgepredigt worden."

1. März 2012

Von Pamina zu Brünnhilde, von Mozart zu Wagner vollzieht sich eine gewaltige Entwicklung der Frauenstimme. Nicht Gleichstellung, sondern Unterordnung erzwingt Fricka von ihrem Göttergatten Wotan. Eine beeindruckende Darstellung gibt Christa Ludwig („Die Walküre", 2. Aufzug – DECCA- Aufnahme von Georg Solti).

*

Wenn es um die Wahrheit geht, steht ein Redner, ein Prediger in manchen Situationen allein und muss einen wirklichen Heldenmut beweisen. Und dann regt es sich plötzlich tausendfach: Nicht nur die Predigten Galens gegen die Nazis wurde in unzähligen Abschriften verbreitet, auch die Karfreitagspredigt Helmut Thielickes von 1947 gegen die Besatzungsmächte wurde immer wieder nachgedruckt, auch in ausländischen Zeitungen: „Ich denke an die vielen Flüchtlinge, die auf eiskalten Transporten in Viehwagen sterben und die gnadenloser verenden als das Vieh in den Schlachthäusern. Ich denke an die Kriegsgefangenen und ihren vieltausendfachen Hungertod …" Und das alles „im Namen des Christentums und der Menschenrechte". „Einer soll aufgestanden sein und dies alles hinausgeschrien haben, damit es nicht noch einmal heiße, die Kirche habe geschwiegen …" Thielicke, dem seine Frau Zahnbürste und Schlafanzug vorsorglich eingepackt hatte, wurde nicht verhaftet.

4. März 2012

„Robert Ley … konnte vom ‚Führer' in einem pietistisch verzückten Stil und auch phonetisch mit jenem Herzton-Tremolo reden, dass es den einschlägig Geprägten wohl einging und dass sie an der Stimme den ‚guten Hirten' zu erkennen meinten, auf die anderen Inhalte kaum noch achteten und so den Wolf übersahen."

*

„… als die Gestapo einen Vortrag Karl Barths verboten hatte, las er dessen Manuskript der Versammlung vor. Er trotzte tapfer der Gefahr, die er damit für die eigene Person heraufbeschwor, und las den Text stockend und mit manchmal sinnentstellender Artikulation. Man merkte, dass er selber dieses Referat kaum verstand. Dennoch verfügte dieser Mann über etwas, das ich den ‚Instinkt der Kinder Gottes' nennen möchte. Er roch die Dämonen auch gegen den Wind ...‘‘ (Helmut Thielicke)

5. März 2012

Der Altfußballtrainer, der früher mit dem Rhetorikprofessor verkehrte, zitiert Kant und Goethe und versucht sich im bildhaften Stil. Dafür redete der Rhetorikprofessor früher gern über Fußball mit. Schuster, bleib bei deinen Leisten.

*

„Die monotonen Worte des Lehrers tröpfelten weiter in den Raum, und die Langeweile der Stunde ...‘‘

*

Funde zur praktischen Rhetorik in der Autobiographie Helmut Thielickes:
– „Wenn ich in äußerster Bedrängnis war und mein Manuskript nicht zur Hand hatte, ging es am besten.‘‘
– „Ihr müsst für den Typ von Hörern reden, den ihr gerne hättet, auch wenn noch niemand davon da ist. Viele machen den Fehler, sich dem Diktat der Anwesenden zu fügen.‘‘
– „Darum hüten Sie sich vor nichts so sehr wie vor Ihrem Können, vor Ihrem unersättlichen analytischen Verstand. Möge Gott Ihnen die rechte simplicitas schenken.‘‘
– „... ich habe es sogar als geeignetes Rederezept erfahren: sich auf diese Weise einen Hörer vorzunehmen, mit dem ich in einen gedanklichen Dialog trat. Dann hören alle anderen wie von selber auch mit.‘‘

6. März 2012

Die Stimmen, mit denen in der katholischen Kirche die Frohe Botschaft vorgetragen wird, lassen keine gute Stimmung aufkommen.

*

Eine vollendete Stimme: Elvis Presley mit seinen ruhigeren Liedern wie „Love me tender‘‘, „Can't help falling in love‘‘, „Crying in the chapel‘‘.

*

Was eine Rede taugt, zeigt sich unmittelbar in den Gesichtern der Zuhörer, die Skala geht von freudiger Zustimmung bis zu lähmender Langeweile. Ein untrüglicher Test für die Qualität von Lesung und Predigt im Gottesdienst.

8. März 2012

Vorabendkrimi im ZDF. Die Rolle des Festivalstars ist mit dem bekannten Charakterdarsteller H. aus der Theatermetropole M. besetzt. Er spannt die Lippen extrem in die Breite, hat die Zähne fest aufeinander, die Stimme in ungünstiger Tieflage knarzt bei jedem Wort. Selbst bei hohem Lautstärkepegel des Fernsehers ist der Text nur mit Mühe zu verstehen.

*

Die impressionistischen Maler lösten die festen Umrisse der Gegenstände auf, bei den modernen kann man nur noch raten, was dargestellt ist. Das Theater geht einen ähnlichen Weg. Für Gustaf Gründgens war der Text des Autors die „Partitur", heute fragt man sich, was das Gezeigte mit dem ursprünglichen Stück zu tun haben soll.

*

„Kroklokwafzi? Semememi!
Seiokronto – prafiplo
Bifzi, bafzi; hulalemi …"
(Christian Morgenstern: Das große Lalula)

*

Sei nicht verbissen, entspanne den Unterkiefer.

26. März 2012

„Da hatte ein berühmter Geschichtsphilosoph und Kulturkritiker, ein Mann von europäischem Namen, einen Vortrag in der Aula angekündigt, und es war mir gelungen, den Steppenwolf, der erst gar keine Lust dazu hatte, zum Besuch des Vortrags zu überreden. Wir gingen zusammen hin und saßen im Hörsaal nebeneinander. Als der Redner seine Kanzel bestieg und seine Aussprache begann, enttäuschte er manche Zuhörer, welche eine Art Propheten in ihm vermutet hatten, durch die etwas geschniegelte und eitle Art seines Auftretens. Als er nun zu reden begann und zum Beginn den Zuhörern einige

Schmeicheleien sagte und für ihr zahlreiches Erscheinen dankte, da warf mir der
Steppenwolf einen ganz kurzen Blick zu, einen Blick der Kritik über diese
Worte und über die ganze Person des Redners, oh, einen unvergesslichen und
furchtbaren Blick, über dessen Bedeutung man ein ganzes Buch schreiben
könnte! Der Blick kritisierte nicht bloß jenen Redner und machte den berühmten
Mann durch seine zwingende, obwohl sanfte Ironie zunichte, das war das
Wenigste daran. Der Blick war viel eher traurig als ironisch, er war sogar
abgründig und hoffnungslos traurig; eine stille, gewissermaßen sichere,
gewissermaßen schon Gewohnheit und Form gewordene Verzweiflung war der
Inhalt dieses Blickes. Er durchleuchtete mit seiner verzweifelten Helligkeit nicht
bloß die Person des eitlen Redners, ironisierte und erledigte die Situation des
Augenblicks, die Erwartung und Stimmung des Publikums, den etwas
anmaßenden Titel der angekündigten Ansprache – nein, der Blick des
Steppenwolfs durchdrang unsere ganze Zeit, das ganze betriebsame Getue, die
ganze Streberei, die ganze Eitelkeit, das ganze oberflächliche Spiel einer
eingebildeten, seichten Geistigkeit …" (Hermann Hesse. Der Steppenwolf)

*

Der neue Bundespräsident hat im Bundestag eine Rede gehalten, die von allen
Fraktionen, auch den Kommunisten, viel Beifall erhalten hat. August Bebel
hätte sich gefragt: Was habe ich nur falsch gemacht, dass mein Gegner mich
lobt?

*

Der Präsident, gelernter evangelischer Pfarrer, hat für seine Rede noch einmal
die Barth-Niemöller'sche Kollektivschuldthese aus dem Papierkorb der
Geistesgeschichte geholt. Auch was geistig längst erledigt ist, kann in der
Wirklichkeit fröhlich weiterleben.

*

Schreiben ist etwas Sekundäres, bloßer Ersatz. Wahr und ursprünglich ist nur
das gesprochene Wort.

*

Den Vorsitzenden der Sozialdemokratischen Partei Deutschlands haben
Beobachtungen auf einer Israelreise betroffen gemacht und zu öffentlicher
Kritik veranlasst. Daraufhin hat ihm eine Wochenzeitung Antisemitismus
bescheinigt und die Eignung als Kanzlerkandidat abgesprochen.
Die Gedanken sind frei. Wenn man sie für sich behält.

*

„Oh Herr, ich bin nicht würdig, daß Du eingehst unter mein Dach, aber sprich nur ein Wort, so wird meine Seele gesund."

*

Wenn man sehr lange Sätze vorträgt (Edgar Allan Poe, Georg Büchner), muss man immer wieder die Stimme senken. Man macht so gewissermaßen mehrere Sätze aus einem.

*

Der Schauspieler Bum Krüger in dem alten Durbridge-Dreiteiler „Die Schlüssel". Gestützt auf eine exzellente Pausentechnik, spricht er etwas zögerlich und immer so, als ob ihm der Text gerade im Moment einfällt. Der Schauspieler verkörpert einen anderen Menschen, und der spricht ja frei. Hamlet und Wallenstein haben keinen Text gelernt, sie deklamieren keine Dichterworte, sondern sprechen sich selbst aus.

*

Wer ständig eigene Gedanken ausspricht, verdirbt sich leicht die Karriere. Auch rhetorisch ist man auf der sicheren Seite, wenn man sagt, was die Zuhörer denken.

*

„Wohingegen der Schauspieler immer singen muss, statt zu schreien ..." (Alain)

*

Verben im Trend: helfen, sich engagieren, sich einbringen.

*

Die Gewalt in den Worten Jesu und die lange Weile der Predigten.

*

Wichtige Fähigkeit für Karrierebewusste: ein ernstes Gesicht aufsetzen, auch wenn Blödsinn geredet wird.

*

Ich habe einmal einer Telefonverkäuferin zugehört, die meisterhaft Persönliches und Geschäftliches verknüpfte. Von Fragen nach dem Liebesleben ging sie blitzschnell zum neuesten Sonderangebot über.

*

Erinnerungen an die mündliche Doktorprüfung. Ich hätte gern meine eigenen Gedanken in freier Rede entwickelt. Gefragt war aber nur eine Wiedergabe dessen, was andere gedacht haben. Auch ein von mir vorgelegtes Thesenpapier, in dem ich einige logische Schlüsse eines berühmten Philosophen in Frage stellte, wurde nicht disputiert.

*

Die mitreißende Kraft der Begeisterung macht den Erfolg der Rede aus. Wohl jeder Mensch war irgendwann von irgendetwas begeistert und hat diese Kraft in sich gespürt. Die Kunst ist aber, Begeisterung langfristig aufrechtzuerhalten, sie immer wieder neu zu entfachen. Da ist es manchmal wie bei einer Flaute im Segelflug: Aus kleinen Aufwinden gewinnt man nur mühsam Höhe.

*

Rhetoriktraining sollte an frischer Luft stattfinden.

*

Der amerikanische Arzt John Diamond („Lebensenergie in der Musik") hat die Wirkung von Musik auf das körperliche Befinden der Zuhörer untersucht. Wünschenswert wären entsprechende Studien über die Wirkung von Rednern und deren Stimmen. Wie sich die Leute nach einer Rede der Bundeskanzlerin fühlen, würde mich interessieren.

*

Abwechslung erfreut. Mal streichelte der berühmte russische Pianist die Tasten mit den Fingern, mal schlug er aus der Höhe wuchtig an. Jede Passage des Konzerts klang anders. Jeder Satz, den du sprichst, soll einen eigenen Klang haben.

*

Suaviter in modo, fortiter in re. Verbindlich in der Form, hart in der Sache.

3. August 2012

In der politischen Bildungsarbeit, in der ich früher einmal tätig war, galt das ungeschriebene Gesetz: Man kann über alles reden, nur nicht über 40 Minuten. Manchen Leuten auch nur 5 Minuten zuhören zu müssen, kann schon eine arge Zumutung sein.

*

Sprache ist eine Erfindung des Teufels zum Zwecke des Betruges. So Goethes Zeitgenosse Johann Gottfried Seume.

8. August 2012

Eine Zeitung hat ihre Leser nach dem besten Film aller Zeiten befragt. Die wichtigste Rede aller Zeiten ist die Bergpredigt Jesu.

*

Hohe Stimmlage bewegt, tiefe beruhigt. Ich hatte mich einem kleinen, aber nicht ungefährlichem ärztlichen Eingriff zu unterziehen. Wie wohltuend waren die Erläuterungen des Operateurs in behaglichem Tempo und mit sanfter, tiefer Stimme.

*

Nach Homers Bericht betörten die Sirenen durch ihren lieblichen Gesang die vorbeifahrenden Schiffer, die an den Klippen scheiterten und umkamen. Die modernen Sirenen sind die Finanzberater, die Anleger mit hohen Zinsen in den Abgrund locken.

*

Lektüre der Reden Konrad Adenauers. Auffällig die einfache Sprache, die Liebe zum Anekdotischen und Unterhaltendem, Fremdwörter sind Mangelware. Ein älterer Herr regte sich über Brandt auf, der gern mit Begriffen wie „bilateral" und „multilateral" um sich warf.

*

Achtung Fettnäpfchen! Ein erfolgreicher Buchautor hat sich über die „gleichgeschaltete", ihn ablehnende Presse beklagt und damit einen zusätzlichen Aufschrei provoziert. „Gleichartig" wäre politisch korrekt gewesen.

*

Rhetorik wurde früher als Logik verstanden, aus einleuchtenden Prämissen galt es, richtige Schlüsse zu ziehen.
Moderne Rhetorik (und Gesprächsausführung) ist in erster Linie Psychologie. Konfrontation ist ganz unzulässig. Man darf dem Zuhörer nicht sagen, dass er Unrecht hat, vielmehr muss er sanft, fast unmerklich ausmanövriert werden. Gut sind Wendungen wie „Sie haben völlig Recht, aber in diesem Fall ..." oder „Ich kann Ihren Standpunkt gut verstehen, nur ..." Wer einfach auf sein Recht pocht, ist ein Stümper.

*

In der magisch gedeuteten Welt ist das Wort mehr als ein Mittel der Verständigung, Es ist auch eine Zaubermacht zur Beherrschung der Natur und des Menschen. Jesus konnte dem Wind gebieten, aber auch die Gänsemagd in Grimms Märchen konnte es. Nicht nur die Bibel berichtet von Heilungen mit dem Wort („Steh auf, nimm dein Bett und geh umher!"), noch im Mittelalter stand die Zaubernacht des Wortes über operativer Technik und Kräutermedizin. Der „Maularzt" wie der Volksmund ihn nannte, stand über dem „Schnittarzt", der nur dessen Handlanger war.

*

Die Methode, Krankheiten zu „besprechen", wurde auch von den angesehensten studierten Ärzten angewendet, so von Johannes von Gaddesken (1280–1361), der von Chaucer gerühmte Hofarzt von Edward II. Viele mittelalterliche Urkunden beschreiben, wie Unholde und teuflische Feinde beschworen werden. Es wurde ihnen *befohlen*, den Patienten aus ihrer Macht zu entlassen. Der Exorzist rief Gottes Heilige dazu auf, die verfluchten Unholde (die Krankheiten) ins ewige Höllenfeuer zu stoßen, das für sie bereitet war. Er bat Jesus, seinen Segen zu senden, auf dass diese elenden Schufte nicht länger den Kranken quälten, sei es im Kopf oder Hirn, Hals, Mund, Hände und so weiter durch alle Teil und Organe des Körpers.

*

Das Unbehagen an der modernen Medizin ist begründet im Verlust des Wortes. Sauerbruch berichtet, dass ältere Ärzte die aufkommenden Narkosemittel mit einem lachenden und einem weinenden Auge aufnahmen, weil sie die engen Beziehungen zwischen Arzt und Patienten lockerten.

15. August 2012

Rhetorik und Geschwätz. Der Vorsitzende einer großen Partei hat in einer politischen Schlüsselfrage das genaue Gegenteil von dem gefordert, was er noch eine Woche zuvor bekundet hat. Es hat niemand gelacht, man ist längst abgestumpft gegen das Geschwätz.

*

Die Lockrufe der Prostituierten und Politiker.

*

Funde bei Hölderlin:
„… der Nachtgeist / Der himmelstürmende, der hat unser Land / Beschwätzet, mit Sprachen viel, unbändigen …"
„Oft aber wie ein Brand / Entsteht Sprachverwirrung."
„Und darum ist … der Güter Gefährlichstes, die Sprache dem Menschen gegeben …"

*

Man sagte mir, mein Rhetoriktraining sei anstrengend. Das verstehe ich, aber anstrengend sind die eingefleischten Gewohnheiten, die schlechte Atmung und das „äh", nicht das gute Sprechen, das erlernt werden soll.

16. August 2012

Gleichstellung des Ungleichen. In der Politik geht es, in der Mathematik nicht.

17. August 2012

„Ein guter Mensch bleibt immer ein Anfänger." war ein Wahlspruch des Schauspielers O.E. Hasse. Einer seiner Biographen hat ihn bei einer Synchronaufnahme beobachtet: „Es ging um einen Satz von zwölf oder fünfzehn Worten. O.E. sprach diesen Satz etwa acht- oder zehnmal. Die Mitarbeiter verstanden gar nicht recht, warum er den kurzen Satz wiederholte; denn sie fanden es richtig und gut und waren zufrieden; aber O.E. Hasse, der Gewissenhaft, sich selbst immer mit allem hohen Anspruch und mit Kritik Gegenüberstehende, war ganz und gar nicht zufrieden. Er unterbrach die Aufnahme und sagte: ‚Bitte, ein kleine Pause, eine Zigarettenlänge'. Und so geschah's. Danach klappte es, der Satz kam sofort so, wie er es wollte und wünschte und wie er, seiner Meinung nach, kommen musste."

*

„… und Er trägt das All durch sein allgewaltiges Wort." (An die Hebräer)

*

„Der Himmel und die Erde werden vergehen; meine Worte aber werden nicht vergehen." (Markus 13,31)

19. August 2012

Erfolgreiche Einzeltrainings

– Promovierter Mathematiker bewirbt sich bei Versicherungen und Wirtschaftsprüfern. Ich bringe ihm bei, ein freundliches Gesicht aufzusetzen und alle mathematischen Fachausdrücke zu vermeiden. Er erhält zwei interessante Angebote.

– Vertriebsleiter in einem Elektrokonzern. Zu Beginn des vierten Quartals liegt seine Gruppe weit hinter den Erwartungen zurück. Wir erarbeiten eine kämpferische Ansprache für sein Team, die Sprache ist aus der Welt des Leistungssports. In der Aufholjagd zum Jahresende werden die Budgetvorgaben bis auf wenige Prozent erreicht.

– Rechtsanwältin in einer großen Kanzlei. Sie vereinbart die Termine mit unbekannten Anrufern, aber viele kommen nicht. Im Rollenspiel finden wir heraus, dass sie sich am Telefon sehr „sachlich" und „seriös" gibt, der Ton wirkt etwas kühl. Wir erproben einen frischen, lebhaften Tonfall mir mehr Emotion. Die Besucherquote verbessert sich nachhaltig.

*

Nicht erfolgreiche Einzeltrainings

– IHK-Präsident. Charmantes Auftreten, glänzende geistige Gaben. Aber viel Unruhe, keine wirklichen Pausen, ein Feuerwerk von Ähs. Mein Training bleibt ergebnislos, das Äh behält die Oberhand.

– Landtagskandidat, erfolgreich im Beruf, Macher. Aber die Rolle des Lernenden liegt ihm nicht, und er lernt auch – fast – nichts.

– Vertriebsingenieur mit behäbigem pfälzischem Dialekt. Er will, bei bestimmten Anlässen, Hochdeutsch sprechen. Es bleibt beim Vorsatz.

*

Der Oberbürgermeister im Fernsehen. Sein Vortrag ist herzlich schlecht, aber die Krawatte ist noch schlimmer.

*

Im katholischen Gottesdienst. Leise, undeutlich, monoton, ohne nennenswerte Pausen gehen Gebet, Lesung, Predigt an den Zuhörern vorbei.

20. August 2012

Das jetzt durch die Presse gehende Wortspiel, aus dem Berliner Flughafen sei ein Fluchhafen geworden, ist so originell nicht. Wie ist denn die landesübliche Aussprache?

21. August 2012

Menschen, die beim „s" anstoßen, verderben aus das „z", denn ihre Zunge ist irritiert. Beim „z" sollen Zungenspitze und Schneidezähne fest verschlossen werden, während das „s" eine schmale Schallritze erfordert. Die Lispler machen es umgekehrt.

*

Der Verhaltensforscher Konrad Lorenz redete mit dem Vieh, den Vögeln und den Fischen. In dem Bericht „Das Gänsekind Martina" analysiert er das Gänseschnattern: „Es klingt wegen der starken Obertöne, die mitschwingen, eigenartig gebrochen und sechs- bis zehnsilbig. Silbenzahl und Stärke der hohen Obertöne sind beim gewöhnlichen Stimmfühlungslaut einander parallel, stehen jedoch in umgekehrten Verhältnis zur Lautstärke. Je mehr Silben das Gegacker hat, desto höher und leiser klingt es …
In dem Maße nun, in dem die Stimmung zur Ortsveränderung sich in der Gans bemerkbar macht, verändert sich auch der Stimmfühlungslaut, und zwar so, dass die Silbenzahl sinkt, die hohen Obertöne schwinden und das Schnattern lauter wird."
Lorenz war recht gut in der Lage, sich mit den Gänsen zu verständigen, wenngleich er nur gebrochenes „Graugänsisch" sprach.

22. August 2012

In einer großen Buchhandlung . Ich blätterte in neuen Büchern über Rhetorik, die mich langweilen. Dann, in einer Zitatensammlung aus der Welt des Fußballs, finde ich Unterhaltendes:

„Wenn du die Meisterschale überreicht bekommst, dann bist du Meister."
(Franz Beckenbauer)

„Kahn spielt das beste Turnier seines Lebens. Es ist natürlich auch sein erstes."
(Günter Netzer)

„Miro Klose – aufgewachsen in Polen und spricht jetzt schon besser Deutsch als Andy Brehme." (Harald Schmidt)

23. August 2012

„Denn nur vom Sprechen und vom Zuhören kann etwas Gutes werden, nicht vom Sprechen allein; das Zuhören gehört dazu." (Konrad Adenauer)

*

Meiner Frau verdanke ich eine interessante Übung. Ein Seminarteilnehmer erzählt einem anderen eine beliebige Geschichte. Der Zuhörende hat den Erzählenden in dem Moment zu unterbrechen, in dem sein Fassungsvermögen erschöpft ist, und soll das soeben Erfahrene zwar nicht wörtlich, aber sinngemäß richtig und vollständig wiedergeben. Haarsträubend, wie schnell vergessen, wie entstellt Gehörtes nacherzählt wird. Erschreckter Ausruf eines Teilnehmers: „Dann sind ja 90 % von dem, was ich sage, sofort weg!"

25. August 2012

Alter Fernsehkrimi mit Carmela Corren als mehrsprachiger Barsängerin. In den deutschen Liedern zu viel Druck und Metall, im Spanischen weicher Stimmeinsatz und samtiges Timbre.

*

Charisma in der Stimme: The House of the Rising Sun von Eric Burdon, Exodus von Edith Piaf.

*

Der magische Klang alter Instrumente.

*

Erotische Stimme. Ich spiele einer Seminargruppe „Sarah" von Serge Reggiani vor. Ausruf von Ingeborg Schöner: „Das ist Erotik pur!"

*

Psychologischer Wälzer über Hitler mit viel freudianischer Schablone: Seine Redegewalt sei Ersatzbefriedigung für nicht ausgelebte Sexualität gewesen („Orgasmus von Schall und Wahn").Wer erklärt mir nun, dass die Predigten zölibatärer Priester so gedämpft ausfallen?

*

Verzichte auf umständliche Begrüßungsformeln, komm' schnell zur Sache. Die Leute habe keine Zeit.

26. August 2012

Feministischer Gottesdienst zum Thema Humor. Lesung aus dem 1. Korintherbrief über die Narren in Christo. Die Predigt hält eine Kirchenkabarettistin. Mit etwas Abstand fällt mein Urteil: Er war wirklich zum Lachen!

*

Kabarett, Karneval, Komödie: Humor, der ununterbrochen stattfindet, ist keiner. Humor ist, wenn man trotzdem lacht.

*

„Chrustschow gibt sich lange nicht so onkelhaft und so väterlich wie Bulganin mit seinem gescheitelten weißen Haar und seinem Spitzbärtchen. Chrustschow kann schon deswegen kein gescheiteltes Haar tragen, weil er überhaupt keine Haare mehr hat." (Splitter aus einem Bericht Adenauers über seine Moskaureise)

27. August 2012

Es wird viel über eine Erneuerung der Kirche gesprochen. Mein Vorschlag: Demontage aller Lautsprecheranlagen.

*

Der englische Film The King's Speech zeigt, dass Rhetorik, Sprecherziehung, Stimmbildung *ein* großes Fach sind. Ein Rhetoriktrainer sollte bei Stottern, Lispeln, Stimmschwäche Kompetenz beweisen, ein Sprecherzieher Klasse ein freien Vortrag zeigen.

28. August 2012

Manche Leute verwechseln die Stimme Gottes mit ihrer eigenen.

*

In allen Ländern dient die öffentliche Rede der Stärkung des nationalen Selbstbewusstseins. Über die eigenen Dummheiten, Angriffskriege und Verbrechen spricht man nicht. Nur ein Land geht unbeirrt seinen Sonderweg.

*

Wer meint, er könne im kleineren Kreis gut reden, nur vor größerem Publikum nicht, irrt. Die Sprechgewohnheiten bleiben gleich, vorhandene Fehler werden durch die Nervosität in öffentlicher Rede allerdings vergrößert.

29. August 2012

Johannes Gross schreibt über die „Janus-Wörter", Ausdrücke, die zwei einander widersprechende Bedeutungen haben wie „sanktionieren" und zitiert einen Beleg aus der Nazizeit: „Gott erhalte Adolf Hitler! / Gott erhalte Robert Ley! / Röhm, den hat er schon erhalten. / Gott erhalte alle drei!"

*

Philosophische Lektüre. „Aufheben" hat drei Bedeutungen.

*

Große politische Rhetorik. „What this country needs is a good five cent cigar." (US-Präsident Calvin Coolidge)

*

Reden, die der Presse und der Nachwelt überliefert werden sollen, müssen wohl oder übel ausformuliert werden und langweilen in der Regel. Helmut Schmidt konnte sogar eine Regierungserklärung ansprechend vortragen.

*

Keine Angst vor Deutschfehlern in der freien Rede. Es fällt nicht auf.

*

Siegeszug der Computer – Niedergang der Mündlichkeit.

1. September 2012

Seminarteilnehmer lasse ich gern ein Stück aus Kennedys Berliner Rede vortragen. Wer gerade noch etwas leise und schüchtern wirkt, ist, in die Rolle des amerikanischen Präsidenten vor Hunderttausenden Berlinern schlüpfend, plötzlich kraftvoll und überzeugend. „Bitte gehen Sie künftig nicht hinter den Kennedy zurück"! ermahne ich abschließend.
Bei Frauen mit schwächeren Stimmen stelle ich gern kriegerische Aufrufe von Kleists Penthesilea als Aufgabe.

*

Kennedys Rede bietet Verständlichkeit für ein Massenpublikum und zugleich eine stilistisch ansprechende Gestaltung. Prägnant die formelhaften Wiederholungen („Ich bin stolz …"/„Aber lasst auch sie nach Berlin kommen.").
In der deutschen politischen Rede wird nur wenig geboten, was man ohne Langeweile lesen kann. Einiges von Bismarck und Adenauer.

*

Lektüre der Kennedy-Biographie von Thomas C. Reeves (John F. Kennedy. Die Entzauberung eines Mythos. Hamburg 1992). Ciceros idealer Redner zeichnete sich durch umfassende Bildung aus, JFK bereiteten schon Orthographie, Grammatik und Stil einige Schwierigkeiten (S. 60, 74, 77, 82,

104). Seine als Buch herausgebende Examensarbeit, mit Hilfe einer Sekretärin, fünf Stenotypistinnen und mindestens einem Ghostwriter erstellt, beurteilt Professor Harold Laski als „sehr unreif, es hat keine Struktur und bewegt sich fast ausschließlich an der Oberfläche der Dinge."

Auch die rhetorische Begabung war in der Anlage schwach, JFK sprach häufig hastig und monoton (116, 213, 251, 257) und hatte erhebliche Stimmprobleme (221, 256, 258, 265). Mit Ehrgeiz und Siegeswillen, einem machtbesessen Familienclan, etlichen Millionen Dollar und einem Heer von Beratern und Redenschreibern wurde er Präsident. Entscheidend waren aber nicht seine Reden, die die gesamte Bandbreite von hoher Gelehrsamkeit bis zum unverbindlichen Blabla abdeckten, sondern jugendliches Aussehen und charmantes Lächeln. Er war „besser als Elvis Presley" (!) und zog bei einem Wohltätigkeitsessen mehr Menschen an als Cary Grant und James Stewart. Übrigens hatte Kennedy eine geradezu legendäre Leistungsfähigkeit in tiefer gelegenen Körperteilen.

*

„Von Joe Kennedy wurde gesagt, er habe einmal damit geprahlt, mit dem Geld, das er ausgebe, könne er auch seinen Chauffeur in den Kongress wählen lassen."

*

Ungeschriebene Doktorarbeit: „Politische Phrase und handwerkliches Können bei Kennedy und Brandt. Eine vergleichende Studie"

2. September 2012

Einzeltraining. Mit fünf Minuten Verspätung erscheint mein Gast, im fliegenden Wechsel aus einer anderen Besprechung kommend. Bei der ersten Gelegenheit Griff zum Handy. Telefonat. Etwas später, unter dem Tisch, erneut Blick auf's Handy. Die Leistungen in den Übungen sind unbefriedigend. Auf die Fähigkeit zur Konzentration kommt es an, wenn man eine Sache gut machen will. Stattdessen sind wir zerstreut.

*

Studierte neigen zum abstrakten Denken, und es ist oft anstrengend, ihnen zu folgen. Rhetorisch wirksamer wäre es, einfach, klar und bildhaft zu sprechen. Oder gute Geschichten zu erzählen.

*

Rhetorikseminar für Mitarbeiter einer Industrie- und Handelskammer mit Sekretärinnen und Sachbearbeitern. Referenten, Abteilungsleiter oder Geschäftsführer erschienen nicht.

3. September 2012

Fernsehinterview mit der Vorsitzenden der Grünen. Plattitüden, viel äh, grotesker Satzbau. Dazu die bierernsten Gesichter der Interviewer.

*

Bei heiserer Stimme hilft nach Auskunft antiker Schriftsteller der Liebesakt.

*

„Lord Castlereagh war berühmt dafür, dass er im Parlament eine Stunde lang reden konnte, ohne dass irgendeinem Zuhörer deutlich wurde, wovon er handelte ..."

*

Das Englisch von Nicht-Engländern verstehe ich recht gut, manchmal auch die grammatikalischen Fehler.

*

Die Wörter „menschlich" beziehungsweise „human" werden in der Umgangssprache so gebraucht, wie der Mensch sein sollte, nicht wie er ist.

4.September 2012

„Unter unseren Politikern gibt es nicht einen, der zum Volksredner unter freiem Himmel taugte ...", schreibt Johannes Gross 1993. Seitdem hat sich die Lage dramatisch verschlechtert.

*

Vorbereitung der nächsten Seminare. Ich orientiere mich an Montaignes Satz: „Nichts gelingt mir ohne Heiterkeit."

*

Unerfreulicher Nachklang unserer theologischen Tradition: In jeder öffentlichen Rede steckt ein Stück Moralpauke.

5. September 2012

Kabinenpredigt. 13:0 gewann die deutsche Nationalmannschaft 1940 gegen Finnland, aber Reichstrainer Sepp Herberger lobte nicht, sondern kritisierte die mangelnde Chancenverwertung. 20 Tore hätten es bei diesem Gegner sein müssen.
Als 1942 gegen Ungarn bei 1:3 zur Pause ein Debakel drohte, war es in der Kabine totenstill. Erst als der Pfiff des Schiedsrichters zur zweiten Halbzeit ertönte, sagte Herberger: „Männer, ich bitt' euch um alles in der Welt, lasst es nicht zu einer Katastrophe kommen! Versucht wenigstens, die Niederlage in einigermaßen erträglichem Rahmen zu halten!" Die deutsche Mannschaft gewann 5:3.

*

Mit dem Begriff Gardinenpredigt verbinde ich eine elterliche Zurechtweisung für ungezogene Kinder. Der Duden klärt über die Herkunft auf: nächtliche Strafpredigt, mit der die Ehefrau den vom Wirtshaus heimkehrenden betrunkenen Mann hinter dem Bettvorhang empfing (englisch curtain lecture).

*

Bei Trauerreden wird viel Gutes über den Verstorbenen gesagt. Warum nicht schon zu Lebzeiten?

*

Wofür interessieren sich die Menschen am meisten? Für sich selbst. Deswegen sichere rhetorische Faustregel: Sprich über deine Zuhörer und was sie bewegt.

6. September 2012

Kennedy lebt. Auftritt der Präsidentengattin im US-Wahlkampf. Nach Meinung eines begeisterten Anhängers hat sie den Herausforderer „in Grund und Boden gelächelt."

*

Nachrichten aus dem Nachrichtenmagazin. Der Präsident der Bundesbank „wettert", sitzt in der „Provinzetage der deutschen Politik", ist „in die Defensive geraten" und „ergreift die Flucht nach vorn", probt den „Aufstand", ist „Fundamentalist" und „Ruhestörer". Dagegen hat der Präsident der Europäischen Zentralbank einen „Plan", „neue Konzepte" und eine „Strategie". Clausewitz war Italiener.

7. September 2012

„Nazis raus!" – Wohin?

*

Akustik. Nur in den ersten Reihen des Saales war der Vortrag zu verstehen. Der Dichter Gottfried Benn sprach zu leise. So erlebten es auch die Zuhörer in den hinteren Reihen großer Konzertsäle, wenn Kammersängerin Rita Streich sang. Ihre kleine Stimme wirkte im Tonstudio gut, konnte aber weite Räume nicht füllen. –
Konrad Adenauer nahm in einer Veranstaltung im Kölner Gürzenich Partei für Industriepräsident Berg und stellte seinen Wirtschaftsminister Erhard bloß. Als massive Kritik aus den eigenen Reihen laut wurde, glättete der Bundeskanzler die Wogen im Kabinett: „Meine Herren, wir wollen auf die unanjenehme Jeschichte, die wir in der vorigen Sitzung besprochen haben, nicht noch einmal zurückkommen. Es war peinlich jenug für uns alle; ich wollte Ihnen nur noch eins sagen: wat der Herr Berg da im Gürzenich wirklich jesagt hat, habe ich erst jetzt jelesen. Wo ich im Gürzenich gesessen habe, konnte man dat jar nicht verstehen. Der neue Gürzenich hat ja eine miserable Akustik."

*

Wenn du in einem großen Saal vortragen musst, mach' vorher eine Stimmprobe. Lass' dich von einem aufmerksamen Zuhörer in der letzten Reihe beraten.

*

Für den Grundkurs der Schauspielschule: Sprechen auf offenen Plätzen und in großen Räumen. Ohne Elektronik.

*

Ermutigung für weniger Begabte. Der Tenor Karl Terkal an der Wiener Staatsoper hatte ein blendendes hohes C und war immer gut bei Stimme, aber

Ausstrahlung und Persönlichkeit auf der Bühne fehlten ihm. Viel berühmter wurde der mit weniger Talent ausgestattete Julius Patzak: „Wenn ich die Stimm' g'habt hätt' wie der Terkal, dann hätt' ich nie a Karriere g'macht." Die Begabten sind in der Gefahr, selbstgefällig und routiniert zu werden; die redlichen Arbeiter mit ihren kleinen Mängeln erringen oft mehr Sympathie.

*

Ministerialdeutsch. Aufmunternde Worte eines Vorgesetzten: „Bringen Sie mal was in Vorlage!"

*

Immer positiv denken – und formulieren. Der Angerufene ist nicht etwa nicht erreichbar, er hat „die Mailbox aktiviert".